Daniel Wiechmann

Berlin
ohne Geld

Daniel Wiechmann

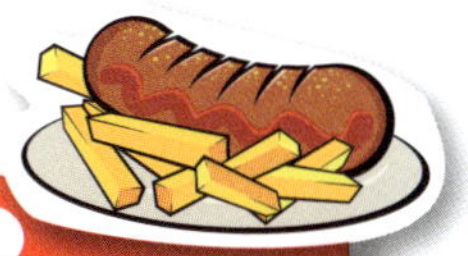

Berlin ohne Geld

101 großartige Dinge, die Du in Berlin kostenlos erleben kannst

CIRCUS MAXIMUS

Bibliografische Information der Deutschen Nationalbibliothek

Die Deutsche Nationalbibliothek verzeichnet diese Publikation in der Deutschen Nationalbibliografie. Detaillierte bibliografische Daten sind im Internet über http://dnb.d-nb.de abrufbar.

Für Fragen und Anregungen:

info@riva-verlag.de

1. Auflage 2018

© 2018 by riva Verlag, ein Imprint der Münchner Verlagsgruppe GmbH

Nymphenburger Straße 86

D-80636 München

Tel.: 089 651285-0

Fax: 089 652096

Umschlaggestaltung: Pamela Machleidt

Umschlagabbildung: pixabay, sfreimark/flickr.com (CC BY-SA 2.0)

Layout: Pamela Machleidt

Satz: inpunkt[w]o, Haiger (www.inpunktwo.de)

Druck: Florjancic Tisk d.o.o., Slowenien

Printed in the EU

ISBN Print 978-3-7423-0603-6

ISBN E-Book (PDF) 978-3-74530-305-6

ISBN E-Book (EPUB, Mobi) 978-3-74530-306-3

Inhalt

● ABENTEUER

● BESONDERE ORTE

● KULTUR

● FREIZEIT

● LAND & LEUTE

● SPORT

● FAMILIE

Berlin ohne Geld erleben

Es gibt wohl nirgendwo in Deutschland einen so herrlich verrückten Ort wie Berlin. Jeden Tag erfindet sich die Hauptstadt neu. Wo heute eine alte Industriebrache steht, findet sich morgen urplötzlich ein Spielplatz für Künstler und Kreative. Dabei umfasst das Freizeit- und Kulturangebot auch zahlreiche Erlebnisse, die sich ohne Geld und Konsumzwang erleben lassen. Lunch-Konzerte in der Philharmonie, das Karaoke-Singen im Mauerpark, die Tanzabende in Clärchens Ballhaus, das HörTheater im Frannz Club... Wir haben versucht, ganz besondere Events und Orte aufzuspüren, die Berlin so zeigen, wie die Stadt wirklich ist: multikulturell, kreativ, vielfältig, mal barfuß, mal Lackschuh, mal Sekt und mal Selters. Wer will, kann in Berlin das pralle Großstadtleben genießen, etwa bei den legendären Sommerabenden an der Admiralsbrücke. Er kann bei großen Festivals wie der Fête de la Musique oder dem Festival of Lights dabei sein. Er kann aber auch einen Gang herunterschalten und zusammen mit Gleichgesinnten auf dem Teufelsberg Sternschnuppen gucken, in den Plänterwald zum Planschen fahren oder im Winter an einem einsamen Morgen beinahe allein in der Rummelsburger Bucht zum

Eislaufen gehen. Er kann dem Charme der Berliner Hausboote erliegen, seine Füße in den Sand der besten Stadtstrände vergraben oder an den Wildkräutern im Klunkerkranich riechen.

Dass das unglaubliche Tempo der Stadt den Bewohnern dennoch manchmal aufs Gemüt schlägt, muss man ihnen unbedingt nachsehen. Die Art, wie Berliner ihre Gefühle ausdrücken, ist hochkomplex und wird nicht selten von Stadtfremden als barsch empfunden. Auf das berühmte »Schnauze mit Herz« muss man sich ebenso einlassen, wie auf die Eigenheiten der Bewohner in den verschiedenen Stadtbezirken. Spätestens beim gemeinsamen Lachyoga auf dem Tempelhofer Feld, ist die Welt für alle wieder in Ordnung. Viel Spaß beim Erkunden des Berliner Stadtlebens in 101 kostenlosen Erlebnissen.

Über den Autor: Daniel Wiechmann ist in Berlin aufgewachsen und studierte in München, wo er noch heute lebt. Wenn er in Berlin seine Familie und Freunde besucht, freut er sich immer wieder darüber, stundenlang durch die Stadt zu laufen, um in Ruhe zu schauen, was es alles so Neues gibt.

Berlin
im Steckbrief

Einwohnerzahl: 3,7 Millionen   Einwohner je km²: 4009

Auch bekannt als:
Hauptstadt, Millionenmetropole, Spree-Athen, Weltstadt mit Herz und Schnauze, arm, aber sexy,

Typisch Berlin? Wichtige Assoziationen und Vorurteile:
Mauer, Ost, West, Multikulti, Kuhdamm, Currywurst, Alexanderplatz, Hertha, Kreuzberg, Prenzlauer Berg, knorke, dufte, Hipster, Projekte, Wannsee, Spree, nüscht, Berghain, Nachtleben, BER, icke, unfreundlich, Kiez, Marzahn, Plattenbauten, Subkultur, Tiergarten. Atze, Gold-Else, Brandenburger Tor, Fernsehturm, Späti

Berlin als Playlist:
1. »Sky and Sand« – Paul Kalkbrenner (So fühlt sich eine durchtanzte Nacht im Morgengrauen an)
2. »Is mir egal« – Kazim Akboga (Die Berliner Mentalität in einem Song)
3. »Halber Mensch« – Einstürzende Neubauten (So hört es sich an, wenn Berlin nervt)

1. Singe beim Mauerpark-Karaoke.

Mach es dir an einem lauen Sonntag auf der grünen Wiese des Mauerparks gemütlich und atme das berüchtigte Berliner Lebensgefühl in vollen Zügen ein. Der Mauerpark ist nämlich nicht nur für seinen einzigartigen Flohmarkt bekannt, sondern offenbart zusätzlich ein wöchentliches Highlight der musikalischen Art: das Mauerpark-Karaoke. Wenn der Mittag langsam anbricht, beginnt ein beinahe festivalähnliches Treiben, und das steinerne Halbrondell inmitten des Parks füllt sich Stück für Stück. Sie alle kommen, um zu erleben, wie selbsternannte Rock- und Popstars rund tausend begeisterte Zuschauer jubeln lassen. Egal, ob eingefleischter Prenzlberger, Student oder Weltenbummler: hier treffen sich Fans jeder Couleur, um skurrilen Eigenkreationen von Kulttiteln, wie »Beat it«, »Like a Prayer« oder

Immer sonntags: Karaoke im Mauerpark

»Knallrotes Gummiboot«, zu lauschen. Und wenn auch nicht jede Performance für Gänsehautmomente sorgt, wird doch der Mut eines jeden Teilnehmers mit tosendem Applaus und Standing Ovations belohnt. Hast du sonntags noch nichts vor, dann lass dir das Highlight der Hauptstadt nicht entgehen. Greif am besten selbst zum Mikrofon und sei dir bewusst: Der Applaus ist dir sicher.

Standort: Gleimstr. 55 • **Öffnungszeiten:** 24 Stunden zugänglich • **Wie kommt man hin?** U2 Eberswalder Straße • **Weitere Informationen und Termine:** www.mauerpark.info

2. Erliege dem Charme der Berliner Hausboote.

Wirklich offen steht Berlin dem Thema Hausboot nicht gegenüber. Nicht einmal 100 Hausboote sind in Berlin offiziell gemeldet. In Städten wie Amsterdam gibt es mehr als 2000 schwimmende Häuser. In London sind es sogar mehr als 3000. Welchen Charme das Wohnen auf dem Wasser hat, lässt sich zum Beispiel in den kleinen Kanälen nahe der Tiergartenschleuse erleben. Gemütlichere Dachterrassen wird man in Berlin kaum finden. Auch auf dem Landwehrkanal, dem Flutgraben oder direkt an den Ufern der Spree liegen zahlreiche Hausboote vor Anker. Hier mitten in der City sind sie jedoch oft zu ansprechenden Bars oder Restaurants umfunktioniert worden. Auch ganz schön.

Standort: verschiedene

Coole Hausboot-Bars am Flutgraben

3. Bestaune die Architektur im Jacob-und-Wilhelm-Grimm-Zentrum.

KULTUR

Unmittelbar hinter der Georgenstraße befindet sich mit dem Jacob-und-Wilhelm-Grimm-Zentrum ein wahrlich gigantischer Koloss. Während die Bibliothek ganze acht Etagen umfasst, erstreckt sich der weitläufige Lesesaal über vier podiumartige Stockwerke. Im Zentrum des kühlen wie auch modernen Jacob-und-Wilhelm-Grimm-Zentrums sind ganze 250 Arbeitsplätze angelegt, in denen Besucher in Ruhe lesen, lernen und arbeiten können. Komplettiert wird der lichtdurchflutete Komplex durch verspielte Leseterrassen, eine Mediathek, eine Zeitschriftenleselounge sowie einen Mutter-Kind-Bereich. Um ein besseres Verständnis für die Baugeschichte sowie der

Grimm-Zentrum: Raum für großartige Gedanken

Nutzungsmöglichkeiten des Gebäudes zu vermitteln, werden in regelmäßigen Abständen kostenlose Führungen durch das Jacob-und-Wilhelm-Grimm-Zentrum angeboten, die in der Regel zwischen 9 und 10 Uhr stattfinden. Die Teilnehmerzahl der rund einstündigen Führung ist auf maximal 20 Personen begrenzt. Eine Anmeldung ist im Voraus erforderlich.

Standort: Geschwister-Scholl-Str. 1-3 • **Öffnungszeiten:** Mo-Fr 8-24 Uhr, Sa/So 10-22 Uhr • **Wie kommt man hin?** S- und U-Bahn Friedrichstraße • **Weitere Informationen:** www.ub.hu-berlin.de/de/standorte/jacob-und-wilhelm-grimm-zentrum/jacob-und-wilhelm-grimm-zentrum

4. Entspanne beim Boule am Paul-Lincke-Ufer.

FREIZEIT

Boule ist mehr als nur eine bloße Freizeitbeschäftigung, es ist ein Lebensgefühl. Das weiß auch die Kreuzberger Szene und frönt am Paul-Lincke-Ufer dem Spiel, welches ganz entspannt und ohne große Worte funktioniert. Zwischen viel Grün findet man hier gleich drei belebte Bouleplätze, die ein beinahe französisches Flair erzeugen. Zwischen Forster und Liegnitzer Straße sind sowohl die Bouleplätze als auch die umliegenden Bänke beinahe stetig besetzt. Neben eingefleischten Profis, die gerne mal mit einem Maßband zugange sind, sind auch Anfänger stets willkommen und werden von den »alten Hasen« fachkundig in die Kunst des Spiels eingewiesen. Kein Wunder, dass die gemeinsame Leidenschaft viele Spieler über Jahre verbindet und an diesem Ort immer

Entspannung pur am Paul-Lincke-Ufer

wieder neue Freundschaften entstehen. Nach einer ausgiebigen Partie kann man fernab vom Straßenlärm ein Picknick auf den grünen Wiesen genießen oder es sich mit einer Flasche Wein auf einer der umliegenden Bänke gemütlich machen. Bei besonders schönem Wetter lädt zudem das Ufer ein, dem ein oder anderen Straßenmusiker bei einem Bier zu lauschen oder den Abend in einem der nahe liegenden Cafés ausklingen zu lassen.

Standort: Paul-Lincke-Ufer 13 • **Öffnungszeiten:** 24 Stunden zugänglich • **Wie kommt man hin?** U8 Schönleinstraße

5. Begrüße den Sommer bei der Fête de la Musique.

Liebhaber guter Musik erleben alljährlich am 21. Juni eine Tradition, welche sich weltweiter Beliebtheit erfreut: Auf der Fête de la Musique wird in rund 540 Städten der Sommer auf eine besonders ausgelassene Weise eingeläutet. Bands, Orchester und Solisten geben ihr Können ohne jede Gage zum Besten und tauchen Parks, Straßen und Restaurants in ein Meer aus Klängen und Beats. Ihren Ursprung hat die Fête de la Musique in Frankreich, wo im Jahre 1982 der damalige Kulturminister Jack Lang dazu aufrief, den 21. Juni ganz der Musik zu widmen. Da sämtliche Ballungszentren Berlins in das Festival involviert sind, findet jeder Begeisterte in einem Kiez seiner Wahl ein passendes Konzert. Neben einer Vielzahl langjähriger Kooperationspartner reihen

Sommer,
Sonne,
Fête de la
Musique

sich jährlich immer neue Szenebars und Clubs in das Sammelsurium vertretener Locations ein. Der Berliner Dom, das Nikolaiviertel, die Junction Bar, Mein Haus am See oder der Victoriapark sind nur einige der mehr als 100 vertretenen Topadressen.

Standort: verschiedene Standorte in ganz Berlin • **Termin:** 21. Juni, 16 Uhr bis Open End • **Weitere Informationen:** www.fetedelamusique.de

6. Besuche eine kostenlose Tanzstunde im Café Keese.

Mit seinen schier unendlichen Kombinationsmöglichkeiten zählt der Discofox zu den beliebtesten und kreativsten Tänzen überhaupt. Wann immer du einen Abstecher nach Berlin machst und Abwechslung zu den dröhnenden Elektro- oder Hip-Hop-Bässen der Clubs suchst, solltest du dem Café Keese einen Besuch abstatten. Das 1966 eröffnete Tanzlokal versprüht noch heute den Charme der Siebziger- und Achtziger-Jahre. Wunderbar: die nach wie vor existierenden Tischtelefone! Das Café Keese zieht in erster Linie ein reiferes Publikum an, jedoch sind Menschen jeden Alters willkommen, um ihrer Tanzleidenschaft nachzugehen. Neben abwechslungsreichen Themenabenden wie dem »Tanz in den Mai« oder dem »Tanz in den Herrentag« ist im Café Keese vor allem der Dienstag besonders. An diesem Tag lädt das Café Keese zwischen 19 und 20.30 Uhr zu einer kostenlosen Tanzstunde ein, bei der Freunde des Discofox ordentlich die Hüften kreisen lassen können.

Endlich
wieder
Discofox! Im
Café Keese

Standort: Bismarckstr. 108 • **Öffnungszeiten:** Do/So/
Mo 15-19.30 Uhr, Fr/Sa/Mi 19.30-3 Uhr, Di 19-3 Uhr
• **Wie kommt man hin?** U2 Deutsche Oper • **Weitere
Informationen und Termine:** www.cafekeese-berlin.de

7. Lass dich im Platten-
laden »Franz und Josef«
anpöbeln.

Im Herzen von Berlin findet sich ein uriger Platten-
laden, der nicht nur aufgrund seines breitgefächerten
Angebots, sondern vor allem dank seines Inhabers –

nämlich dem unfreundlichsten der Stadt – mittlerweile Bekanntheit errungen hat. Im »Franz und Josef« präsentiert sich eine übersichtliche Auswahl an seltenem Material, wie beispielsweise Wave, Kraftwerk oder 80's Extended Vinyl, welche die eigene Sammlung für kleines Geld aufstockt. Wer es bis hierhin geschafft hat, sollte sich seiner jedoch keinesfalls zu sicher sein, denn der eigentliche Kauf wird zu einem durchaus schwierigen Unterfangen. Denn der Inhaber himself scheint nur wenig für seine Kunden übrigzuhaben und fordert diese während der Stöberns gerne mal dazu auf, den Laden zu verlassen – man wolle schließlich eh nichts kaufen. Wer hier noch freundliche Aufklärungsarbeit leisten will, erntet postwendend gerne noch den Zusatz, er möge doch jetzt bitte gehen und nicht wiederkommen. Tja, Authentizität wird im Franz und Josef zweifelsohne großgeschrieben. Wer sich von einem Berliner Original mal richtig anpöbeln lassen möchte, ist an dieser Adresse genau richtig.

Standort: Kastanienallee 48 • **Öffnungszeiten:** Di-Fr 13-20 Uhr • **Wie kommt man hin?** U2 Senefelderplatz • **Weitere Informationen und Termine:** www.facebook. com/Schallplatten-Franz-u-Josef-263464333800712

BESONDERE ORTE

8. Besuche die Cafeteria »Skyline« der TU.

Einer der besten Spots, um über die Dächer Berlins zu blicken, ist die Cafeteria »Skyline«, die zum Campus der Technische Universität Berlin (TU) gehört. Die Cafeteria im denkmalgeschützte Telefunkenhochhaus in der

City West macht ihrem Namen alle Ehre. Ganz oben im 20. Stockwerk und in 80 Metern Höhe genießt man einen beeindruckenden Panoramablick. Der Ausblick reicht weit über die Stadt und ist dank der kostenlosen Auffahrt umsonst. Aufgrund der in drei Himmelsrichtungen angelegten Fensterplätze lassen sich hier Hotspots wie das Brandenburger Tor, das Rote Rathaus, die Müggelberge, der Reichstag, das Kanzleramt oder die Nikolaikirche in einer ganz neuen Perspektive erleben. Die Küche der Cafeteria zeigt sich sehr engagiert und verwöhnt dich bis in den Nachmittag mit abwechslungsreichen und preiswerten Speisen und Getränken. Insbesondere in den frühen Nachmittagsstunden ist der Andrang in der Cafeteria »Skyline« noch nicht sehr groß, weshalb man immer ein gutes Plätzchen findet.

Standort: Ernst-Reuter-Platz 7 • **Öffnungszeiten:** Mo-Fr 7.30-16 Uhr • **Wie kommt man hin?** U2 Ernst-Reuter-Platz • **Weitere Informationen und Termine:** www.stw.berlin/mensen/cafeteria-tu-skyline.html

SPORT

9. Meditiere in der Art of Living Yoga Oase.

In einem idyllischen Hinterhof in Schöneberg ist die Art of Living Yoga Oase angesiedelt, die sich als spirituelle Kraftquelle versteht und Menschen aller Couleur zusammenbringt. Die Art of Living Foundation wurde 1981 von Sri Sri Ravi Shankar gegründet und hat seit 15 Jahren auch einen festen Sitz in Berlin. Ein vielfältiges Kursangebot zu den Themen Mediation, Yoga sowie weiteren gesundheitsfördernden Entspan-

Finde inneren Frieden durch Meditation

nungstechniken macht den wesentlichen Kern der Art of Living Yoga Oase aus. Jeden Dienstag um 18 Uhr wird zu einer offenen Meditation in ruhiger Atmosphäre eingeladen. Mediation versteht sich als eine wirksame Entspannungstechnik, mit deren Hilfe das Bewusstsein zu einer tiefen Ruhe findet und bestehende Kraftquellen ausgeschöpft werden. Verschiedenste Konzentrationsübungen fördern die Selbstwahrnehmung und helfen insbesondere in stressigen Zeiten, den Alltag hinter sich zu lassen. Da jede Kurseinheit in sich abgeschlossen ist, ist ein flexibler Einstieg jederzeit und auch der Besuch einzelner Stunden möglich.

Standort: Potsdamer Str. 98 • **Öffnungszeiten:** je nach Kursen • **Termin:** dienstags, 18 Uhr • **Wie kommt man hin?** U1 Kurfürstenstraße • **Weitere Informationen:** www.artofliving.ord/de-de/berlin

10. Fordere in Clärchens Ballhaus jemandem zum Tanzen auf.

Wer die Tradition des Paartanzes liebt und lebt, der ist herzlich ins Clärchens Ballhaus geladen – einem Ort, an dem die Zeit stehen geblieben scheint. Charmant begrüßt ein Türsteher die Gäste und sorgt selbst bei hohem Andrang für ein Lächeln auf den Lippen. Mutet das Gebäude von außen wie eine Ruine an, vermitteln dunkle Holzböden und ein liebevolles Tischgedeck im Inneren eine einzigartige Form der Gemütlichkeit. Während alte Fotos und Emaille-Schilder die Wände zieren, zeichnet sich der Spiegelsaal aus dem 19. Jahrhundert durch kunstvollen Stuck, Verschnörkelungen und abblätterndem Putz aus. Im Sommer bietet der Garten unter verspieltem Geäst samt Glühlampen ei-

Tanztee der besonderen Art im Ballhaus

nen romantischen Rahmen für laue Abende. Finden größere Gruppen auf den großzügigen Bierbänken ausreichend Platz, erweisen sich die mystischen Steinmöbel unter Blätterdach als idealer Rückzugsort für Pärchen. Sorgt nicht gerade eine gut gelaunte Liveband für die musikalische Untermalung, jagt ein DJ das Publikum mit Rock, Pop und Schlagern quer übers Parkett. Das Beste ist: Nahezu täglich werden kostenfreie Tanzkurse jeder Art angeboten, sodass auch Frischlinge schnell das notwendige Taktgefühl erlangen. Clärchens Ballhaus ist wohl der Inbegriff eines Tanzclubs und für jeden gemacht, der einen Tanztee der besonderen Art genießen möchte.

Standort: Auguststr. 24 • **Öffnungszeiten:** So-Do 11-24 Uhr, Fr/Sa 11-4Uhr • **Wie kommt man hin?** U8 Weinmeisterstraße • **Weitere Informationen und Termine:** www.ballhaus.de

11. Genieße leckeres Stockbrot im Pinke Panke.

FAMILIE

Inmitten von Pankow offenbart sich der Kinderbauernhof Pinke Panke gleichermaßen als alternatives Projekt und kleine Oase. Das Pinke Panke blickt auf eine 20-jährige Tradition zurück und versteht sich als Kombination aus Minifarm und Bauspielplatz. Was in den Neunziger Jahren als provisorische Idee seinen Anfang fand, hat sich heute zu einer festen Institution entwickelt, die aus dem beliebten Kiez nicht mehr wegzudenken ist. Frei laufende Enten, Gänse, Esel und Kaninchen zählen zu den Hoftieren zum Anfassen und dürfen sogar unter Aufsicht gefüttert werden. Kleine Handwerker können in der Räucherhütte oder in der Holzwerkstatt gegen eine Materialspende mit echtem Werkzeug kleine Kunstwerke zaubern. Ein Bauspielplatz samt Dreirädern, Bobby Cars und Schaukeln lässt sich ebenfalls erkunden. Neben dem normalen Betrieb stehen Events wie das Weihnachtsbasteln auf dem Plan.

Standort: Am Bürgerpark 15-18 • **Öffnungszeiten:** Di-Fr 12-17.30 Uhr, Sa/So 10-17.30 Uhr • **Wie kommt man hin?** S1/2 Wollankstraße • **Weitere Informationen und Termine:** www.kinderbauernhof-pinke-panke.de

KULTUR

12. Lausche dem HörTheater im Frannz Club.

Theaterstücke im reinen Audioformat sind nach wie vor eine Rarität. Umso erfreulicher ist es daher, dass der in Berlin berüchtigte Frannz Club mit gutem Beispiel vorangeht und regelmäßig aktuelle Produktionen der Hörspielabteilung des Deutschlandradio Kultur im HörTheater aufführt. »Augen zu und Ohren auf« lautet das Motto des Abends. Und sobald der Club im Szenebezirk Prenzlauer Berg seine Pforten öffnet, spürt man die angenehme Atmosphäre einer Location, die vor allem durch den Charme des Unperfekten besticht. Gemütliche Sofas, Sessel und Stühle bieten selbst für Nachzügler ausreichend Platz, währen die glasklare Akustik schon bald den ganzen Raum einnimmt. Viele der vorgetragenen Stücke wurden eigens für das Deutschlandradio konzipiert und bereits mit dem ein oder anderen Preis ausgezeichnet. Nach der Aufführung stehen die

Macher gerne für Fragen zur Verfügung, erzählen über die Hintergründe ihrer Werke und ermöglichen nachhaltige Diskussionen. Zwar beginnen die Aufführungen um 20 Uhr, wer sich jedoch einen besonders gemütlichen Platz sichern möchte, ist gut beraten, schon 30 Minuten vorher vor Ort zu sein.

Standort: Schönhauser Allee 36 • **Wie kommt man hin?** U2 Eberswalder Straße • **Weitere Informationen und Termine:** www.frannz.eu

13. Spiele in der Kneipe »Zur Quelle« eine Runde Billard.

FREIZEIT

Wer immer schonmal eine Kultkneipe Berlins und ein Stück Berliner Kultur erleben wollte, der wird im Herzen Moabits fündig. Die Kneipe »Zur Quelle« ähnelt aufgrund ihrer rustikalen Erscheinung zunächst den gängigen Ecklokalitäten und wird vor allem Fußball- und Bierfreunde ansprechen. Schnell hat man einen Platz gefunden und kann den Abend entweder bei einem guten Gespräch an der Theke oder auch bei einer Runde Billard einläuten. Neben einer legendären Jukebox, die typische Klassiker, wie Peter Fox, spielt, findet man hier mitunter eine Großbildleinwand, einen Raucherraum sowie die typische Berliner Schnauze vor. Die Besonderheit dieses Orts liegt jedoch in dem bunt gemischten Publikum, welches rund um die Uhr die Puppen tanzen lässt. Die Kneipe »Zur Quelle« heißt nämlich 24 Stunden täglich Jung und Alt willkommen.

Nicht nur die Stammkundschaft feiert hier gerne – auch Touristen, Gelegenheitsgäste und auch Studenten verbringen hier den Abend, die Nacht oder den Nachmittag. Zu dem frisch gezapften Bier wird zu fairen Preisen ein klassisches Frühstück oder auch ein strammer Max serviert. Wer fernab von Schickimicki einen ausgelassenen Abend in lockerer Stimmung verbringen will, findet in der Kneipe »Zur Quelle« ein wahres Berliner Original.

Standort: Alt-Moabit 87 • **Öffnungszeiten:** 24 Stunden zugänglich • **Wie kommt man hin?** U9 Turmstraße • **Weitere Informationen:** www.facebook.com/Kultkneip

LAND & LEUTE

14. Zaubere einem Busfahrer ein Lächeln aufs Gesicht.

Jeder kennt diese Tage: Es regnet in Strömen, man hatte einen stressigen Arbeitstag, und als wäre das noch nicht genug, fährt einem der Bus quasi vor der Nase weg. Doch auch wenn in einer solchen Situation zumeist alle Wut dem Busfahrer gilt, hilft so mancher Perspektivwechsel dabei, die eigene Sicht noch einmal zu überdenken. Denn viele Berliner Busfahrer üben ihren Job durchaus mit Leidenschaft aus. Wären da nur nicht die Fahrgäste. Da gibt es immer jemandem, der den Eingang vorne versperrt, um zu fragen, ob der Bus auch zum Alexanderplatz fährt, während hinter ihm das Wutgeheul der Wartenden immer lauter wird aus Angst,

Sei nett zu Busfahrern. Sie haben es verdient

es nicht mehr in den Bus zu schaffen. Die Begrüßung des Fahrers hat der Fahrgast lieber durch das Motzen über die Verspätung und die unverschämten Preise ersetzt. Im Bus selbst scheint es, als würde halb Berlin denken, dass es sich bei den öffentlichen Verkehrsmitteln um fahrende Mülleimer handelt: Halbvolle Kaffeebecher, angelesene Zeitungen, angeklebte Kaugummis und zerknülltes Papier gehören zur Tagesordnung. Dabei wäre es höchste Zeit, den Helden des Alltags endlich mal wieder Danke zu sagen. Bereits eine freundliche Begrüßung oder gar nette Neujahrs- oder Festtagswünsche wirken Wunder, wenn der erste Schrecken über diese ungewohnte Höflichkeit beim Busfahrer verflogen ist. Wer wirkliche Wertschätzung ausdrücken möchte, darf auch gerne ein wenig kreativ sein. Ein warmer Kaffee oder ein Croissant kostet nur wenig Geld und könnte so manche Pause der fleißigen Fahrer versüßen. Ja, die Berliner Fahrgäste sind verwöhnt, und zumindest ein

Großteil vergisst immer wieder, dass dank überfüllter Haltestellen und Staus auch Verzögerungen zum Alltag des Busfahrens gehören. Wer an dieser Stelle einmal innehält und dennoch ein paar freundliche Worte übrig hat, wird erstaunt sein, welche Wirkung diese haben können.

15. Tausche etwas im Tauschladen in Neukölln.

FREIZEIT

»Tausch Dich glücklich!« lautet das Motto der Crew vom Kulturlabor »Trial & Error e.V.«, die im Herzen Neuköllns einen lauschigen Kleidertauschladen samt Nähwerkstatt führt. Wie lässt sich ein Laden mit einem solchen Konzept wohl beschreiben? Nun, er ähnelt am ehesten einer Mischung aus Boutique und Vintage-Shop und bietet Platz für gut erhaltene Dinge aller Art, die nicht mehr gebraucht werden, anderen Menschen aber eine Freude bereiten können. Nachdem sich quietschend die leicht klemmende Tür geöffnet hat, steht man inmitten eines rund 16 Quadratmeter großen Ladens und spürt sofort, mit wieviel Herzblut das international gemischte Team bei der Arbeit ist. Während die Kleiderständer bunt behängt sind und sich in mancher Ecke noch nicht einsortierte Dinge stapeln, wabert im Hintergrund leise Musik. Egal ob Schmuck, Bücher oder Kleidung: Alle Dinge des alltäglichen Lebens dürfen hier abgegeben, getauscht oder mittels bereitstehender Nähmaschinen repariert werden. Das Ziel der Crew des »Kulturlabors Trial & Error e.V.« besteht in der Schaffung einer nachhaltigen Zukunft, in der die Müllproduktion auf ein Minimum reduziert wird und sich die Menschen an die Grundwerte des Tauschens, Schenkens und Selbermachens erinnern. Daher richtet sich das Projekt selbstredend nicht nur an einkommensschwache Bürger, sondern vielmehr an jeden. Daher wundert es auch nicht, dass man hier Menschen jeden Alters antrifft, die sich in den verschiedensten Sprachen unterhalten und förmlich einer großen Familie ähneln. Kaufzwang oder Preisschilder gibt es hier nicht – dafür gibt das Team gerne Inspirationen, wenn ein Kleidungsstück genäht oder einmal umgestylt werden soll.

Standort: Braunschweiger Str. 80 • **Öffnungszeiten:** Di-Do 15-19 Uhr, • **Wie kommt man hin?** S41/42/46 u. U7 Neukölln • **Weitere Informationen und Termine:** www.trial-error.org

16. Lass dich auf dem Märchen-Spielplatz verzaubern.

FAMILIE

Im Sommer laden in Berlin zahlreiche Spielplätze zum Verweilen und Toben ein. Ein besonders außergewöhnlicher Ausflugsort ist der Neuköllner Märchen-Spielplatz, der Kinder dank seiner liebevollen Holzschnitzereien direkt ins Märchenland entführt. Klassische Märchenfiguren wie Drachen, Gespenster und Zauberer säumen das weitläufige Gelände und erzeugen ein magisches Flair. Das absolute Highlight ist jedoch die massive Ritterburg, die die Kleinen sofort in ihren Bann zieht. Wer hier zum Ritter geschlagen werden möchte, muss hölzerne Kletterwände erklimmen, sich an Seilen und Leitern hochziehen und über eine wackelige Hängebrücke balancieren. Nach einer erfolgreichen Burgeroberung lässt sich das majestätische Gerüst über eine geschwungene Rutsche verlassen und auf einer der Wippen, Schaukeln oder Bänke eine kurze Rast einlegen. Für weitere Abwechslung sorgen zudem eine Tischtennisplatte, ein Tischfußball sowie ein Märchenbrunnen, der an heißen Tagen für Abkühlung sorgt.

Standort: Sonnenallee 294 • **Öffnungszeiten:** 24 Stunden zugänglich • **Wie kommt man hin?** S46 Köllnische Heide

FREIZEIT

17. Besuche den Park am Gleisdreieck.

Nahe der Monumentenstraße inmitten des pulsierenden Stadtzentrums offenbart sich eine der größten Naherholungsflächen Berlins: der Park am Gleisdreieck. Beispielgebend für die herausragende Qualität eines stadtplanerischen Konzepts, wurde er bereits mit dem Architekturpreis Berlin 2013, dem Sonderpreis Deutscher Städtebau 2014 und dem Deutschen Landschaftsarchitekturpreis 2015 ausgezeichnet. Ein unverkennbares Wahrzeichen der Parkarchitektur besteht in der faszinierenden Kombination aus gewachsener Wildnis und weitläufigen Freiflächen, auf denen seit jeher ein reges Treiben herrscht. Der interkulturelle Rosenduftgarten, der von eigener Hand durch die bestehenden Nachbarschaftsgemeinschaften gepflegt wird, trifft auf brachliegende Signal- und Bahnanlagen, welche dem modernen Park sein besonderes Flair verleihen. Als Park der zwei Geschwindigkeiten ist dieser besondere Hotspot gleichermaßen der Lieblingsort für Sportfreunde als auch Ruhesuchende. Während Skater auf den Halfpipes ihre Runden drehen, erfreuen sich Jogger und Radfahrer an dem weitläufigen Pfad, der vom Potsdamer Platz bis zum Südkreuz reicht. Spaziergänger und Picknicker dürfen hier ausgiebig vom Alltag abschalten, während man selbst Yoga-Freunde hier immer wieder allein oder in Gruppen auf den saftig grünen Wiesen antrifft.

Standort: Möckernstr. 26 • **Öffnungszeiten:** 24 Stunden geöffnet • **Wie kommt man hin?** U1/2 Gleisdreieck • **Weitere Informationen und Termine:** www.gruen-berlin/park-am-gleisdreieck.de

Urbane Stadtoase: der Park am Gleisdreieck

18. Gehe in den Beelitz-Heilstätten auf Geisterjagd.

Am Rande Berlins findet man mit den Beelitz-Heilstätten einen der wohl legendärsten Lost Places, die Deutschland zu bieten hat. Galten die Heilanstalten von Beelitz bereits ab 1902 als mitunter größtes und modernstes Krankenhaus der Welt, diente der Koloss während des Krieges vor allem zur Behandlung von mehr als 12.500 Soldaten. Bereits von Weitem erblickt man einen Zaun, der das knapp 200 Hektar große Gelände mitsamt der 60 Gebäude kaum zu bändigen weiß. Prunkvolle Gebäude, wie das ehemalige Badehaus, das Verwaltungsgebäude oder der Patientenpavillon reihen sich aneinander und sind durch schier endlose Flure miteinander verbunden. Immer wieder möchte man innehalten, die wunderschöne Architektur bestaunen und ein Stück dieses Orts auf sich wirken lassen. Wenn auch der Verfall sich schonungslos in jedem einzelnen

Nervenkitzel in den Beelitz-Heilstätten

Winkel ersichtlich zeigt, wohnt den Freitreppen samt kunstvoll geschwungenem Geländer noch immer eine unverkennbare Pracht inne. Kilometerlange Kellergänge, lichtdurchflutete Hallen und üppige Emporen vereinen sich vor allem für Fotografen zu einem idealen Abenteuerspielplatz, der wahre Schätze bereithält. Im Kontrast dazu stehen die zum Teil immer noch erhaltenen OP-Säle, vergilbte Bücher sowie die Überreste von Medikamenten, die wie unberührt in den einzelnen Räumen vorzufinden sind. Kein Wunder, dass die Beelitz-Heilstätten nicht nur Fotografen aus aller Welt anlocken, sondern auch Geisterjäger hier voller Inbrunst nach mystischen Artefakten suchen. Denn wenn kleine Regentropfen sich einen Weg durch die Dächer bahnen und ein fahles Licht die Schatten tanzen lässt, entsteht ein beinahe gespenstisches Flair. Wer immer hier seinen Entdeckergeist ausleben oder einfach nur ein Stück Geschichte auf sich wirken lassen möchte, dem sei empfohlen, neben einer Taschenlampe und Kamera vor allem viel Zeit mitzubringen.

Standort: 14547 Beelitz-Heilstätten • **Öffnungszeiten:** 24 Stunden zugänglich • **Wie kommt man hin?** mit der Regionalbahn bis Beelitz-Heilstätten

19. Erlebe den Weltschmerz in der U-Bahn-Linie U2.

Seit 1902 befördert die Berliner U-Bahn Menschen quer durch die Stadt und zählt mittlerweile rund 1242 Züge und 173 Bahnhöfe zu ihrem Netz. Die U-Bahnen sind die Lebensadern der Stadt und ermöglichen, dass man

nahezu rund um die Uhr von A nach B kommt. Wer die Berliner Seele von ihrer unverfälschten Seite erleben will, sollte mit einem ganz besonderen Prachtexemplar in den Tag starten: der U2. Obwohl die Berliner U-Bahn alle drei bis fünf Minuten fährt, merkt man bereits beim Betreten des Bahnhofs, welcher Stress in der Stadt herrscht. Erst recht, wenn die folgende Schreckensmeldung ertönt: »Aufgrund einer Betriebsstörung ist der U-Bahn-Verkehr auf der U2 derzeit unregelmäßig.« Das war das Signal. Ein lautes Raunen geht durch die Reihen. Flüche und Verwünschungen werden laut ausgesprochen. Trifft die U-Bahn dann endlich doch ein, beginnt das eigentliche Spektakel: der Kampf um die rar gesäten Sitzplätze. Schnell wird klar, dass Rücksicht in Berlin keine Tugend ist und selbst der ausgeleierte Rucksack noch seinen eigenen Platz in den Sitzreihen verdient. Der Ärger scheint sich gerade erst gelegt zu haben, da rückt das nächste Unheil an. Nur wenige Meter hinter dem Bahnhof kommt der Zug zum Stehen, und der Schaffner nuschelt unverständlich die Worte: »Sehr jeeehrte Fahrjäste, aufjrundn Weichenstö rungbisschn Geduuuldvieln Dank.« Zunächst herrscht absolute Stille im Wagen, die es möglich macht zu hören, wie das Blut der morgendlichen Kaffeejunkies, Studies und Workaholics zu kochen beginnt. Während ein Youngster zu dem Beat seiner MP3s wippt, beschließt ein anderer, die kleine Pause dazu zu nutzen, seine Freiminuten am Handy zu verbrauchen. »Yooooo hey, dat jeht hier nich weita, wird wohl n bisken späta ... Wat? Achso ja, ...Moment, ick bin hier jerade im Funkloch, hörste mich noch? Haaaallloooo?« Da Warten hungrig macht, kramt ein Mann sein deftiges Wurstbrot heraus und schmatzt zufrieden, während sein Sitznachbar versucht, auf seinem Sitz soweit wie möglich davon zu

Den Berliner Weltschmerz in der U2 erleben

rutschen. Tja, und wer denkt, dass es nicht noch besser geht, der hat die BVG-Kontrolleure noch nicht erlebt, die sich auch noch in den vollsten Zügen durch die aufgebrachte Menge quetschen.

Standort: U-Bahn-Linie U2 • **Öffnungszeiten:** 24 Stunden zugänglich • **Weitere Informationen und Termine:** www.bvg.de

20. Zocke eine Runde am Super Nintendo im »Süß war gestern«.

Wer immer in Berlin das Wochenende stimmungsvoll einläuten möchte, findet im »Süß war gestern« die passende Pre-Club-Location mit einem unvergleichlichen Hausparty-Flair. Aushängeschild ist ein kleines bewaffnetes Häschen, welches dem Namen der Szenebar alle Ehre macht. Das »Süß war gestern« präsentiert sich als gediegene Mischung aus Wohnzimmer und Club, in welchem man sich über einen gerne mal klebrigen Boden zwischen Menschen hindurchzwängt, um einen kurzen Abstecher an die Bar zu machen. Wer nicht gerade vor der Tür bei einer gemütlichen Zigarette neue Bekanntschaften schließt, kann es sich auf einem der abgewetzten Sofas oder Stühle bei einem Bier gemütlich machen. Der DJ macht einen durchweg guten Job und verwöhnt die Gäste mit elektronischer Musik, zu der es sich ordentlich tanzen und feiern lässt. Getanzt wird nahezu überall, keiner bleibt für sich, eher läuten alle miteinander die Partynacht ein, und die Zeit vergeht quasi wie im Flug. Es geht nicht darum, gesehen zu werden, sondern vielmehr, einen entspannten Abend bei einem guten Drink zu verbringen und sich vielleicht mit der ein oder anderen Eroberung in eines der Sofas zu kuscheln. Wer dennoch etwas Abwechslung sucht, der kann sich bei einem Tischkicker ordentlich verausgaben oder dank der bereitstehenden Super Nintendos mal wieder einen Abstecher ins Pilz-Königreich machen.

Standort: Wühlischstr. 43 • **Öffnungszeiten:** Mo- Sa 19-5 Uhr • **Wie kommt man hin?** S- und U-Bahn Warschauer Straße • **Weitere Informationen und Termine:** ww.facebook.com/suess.war.gestern.official

21. Erlebe interaktiv die Fähigkeiten deines Körpers.

FREIZEIT

Wer immer sich an den ein oder anderen langweiligen schulischen Ausflug ins Museum erinnern kann, erlebt im Ottobock Science Center, dass es auch anders geht. Die Ausstellung »Begreifen, was und bewegt« greift einen interaktiven Ansatz auf und gewährt den Besuchern einen faszinierenden Einblick in die aktuellen Technologien von Prothesen und Gehhilfen. Das 2009 eröffnete Science Center ist mit seiner auffällig weißen Aluminiumfassade auch ein architektonisches Kunstwerk. Im Inneren der dreistöckigen Ausstellung wird diese Optik fortgesetzt. Anhand multimedialer Installationen wird in der Ausstellung der komplizierte Bewegungsapparat des Körpers erklärt, und es wird dargelegt, wie körperlich beeinträchtigte Menschen mehr Mobilität erhalten. So erleben die Besucher gedankengesteuerte Armprothesen, können selbst erfahren, wie es sich anfühlt, als Rollstuhlfahrer eine Rampe hochzufahren, verinnerlichen die grundlegende Fortbewegung mittels einer Prothese oder erkennen, welches Kunststück die eigene Hand beim Fangen eines Stifts vollbringt. Wer noch eingehender informiert sein möchte, kann einfach eine kostenfreie Führung buchen, in der in 90 Minuten ein fachkundiger Guide zur Seite seht und über jedes Detail

der Ausstellung aufklärt. Egal ob Spielkinder, Famili-
en oder Experten der Medizin: Das Ottobock Science
Center bietet einen hochinteressanten Einblick in einen
modernen und wichtigen Bereich der Medizintechnik.

Standort: Ebertstr. 15A • **Öffnungszeiten:** Do-Mo 10-
18 Uhr, • **Wie kommt man hin?** U 2 Mohrenstraße •
Weitere Informationen: www.ottobock.com/de/scien-
ce-center

Das
Ottobock
Science
Center

22. Gestalte deine eigene Stadtführung mit Hörpol.

Möchte man ein wichtiges Stück Berliner Geschichte auf besonders flexible Art und Weise erleben, dann findet man auf hoerpol.de die richtige Adresse. Bereits die Webseite lässt erkennen, dass hier klar die jüngere Zielgruppe angesprochen wird und man bei dieser Füh-

Station auf der Hörpol-Tour: die neue Synagoge

rung gänzlich selbstbestimmt vorgehen darf. 27 Audio-dateien samt Straßenkarte stehen Jugendlichen ab 14 Jahren zur Verfügung, die ganz frei entscheiden können, wie sie ihre Erkundungstour gestalten. Stück für Stück widmet sich die Führung dabei dem Antisemitismus, der NS-Geschichte und rückt dabei die einzelnen Berliner Schauplätze in den Fokus. Die Schauplätze sind mit modernen Titeln wie »Party«, »Ah« oder »Mut« versehen und in rockigen Songs, flapsigen Erzählungen sowie sachlichen Schilderungen verpackt. Geschichte und Schauplätze verbinden sich hier quasi fließend, und wichtige Themen wie Zivilcourage, Lügen und Respekt machen den besonderen Charakter dieser Audioführung aus. Zu den Erzählern zählen mitunter bekannte Moderatoren und Schauspieler sowie Bands und Schüler. Ein wichtiges Projekt.

Standort: verschiedene Stationen • **Öffnungszeiten:** 24 Stunden zugänglich • **Weitere Informationen:** www.hoerpol.de

BESONDERE ORTE

23. Genieße die Aussicht von dem degewo-Skywalk.

Wer Berlin aus einer ganz neuen Perspektive erleben möchte, der findet in dem degewo-Skywalk die richtige Location – sofern keine Höhenangst vorliegt. Der degewo-Skywalk befindet sich in 70 Metern Höhe auf einem typischen Berliner Plattenbau in der Raoul-Wallenberg-Straße. Hier kann man den Blick nicht nur in sämtliche Himmelsrichtungen schweifen lassen, der Gitterboden erlaubt auch einen schonungslosen Blick in die Tiefe. Durch einen Hausflur gelangt man über eine frei schwebende Stahlgittertreppe hinauf zu der fünf mal sechs Meter großen Plattform. Beschriftete Fotografien erläutern, was in den jeweiligen Himmelsrichtungen zu sehen ist. Zwar sind die Seitengeländer ausreichend hoch, der Steg an sich hängt aber quasi frei in der Luft. Belohnt wird der Wagemut mit einer atemberaubenden Aussicht über den östlichen Teil Berlins bis hin nach Brandenburg. Nicht nur Marzahn hat man hier ausreichend im Blick, auch der Teufelsberg, der Fernsehturm, der Müggelsee oder das Brandenburger Tor lassen sich von der Plattform aus erspähen. Da eine Begehung nur unter Aufsicht möglich ist, steht den Besuchern während des Aufenthalts ehrenamtliches Personal freundlich zur Seite. Die einstündige Führung kostet keinen Eintritt, setzt aber eine vorherige Anmeldung bei der degewo voraus. Wer schon immer Berliner Luft in absoluter Höhe schnuppern wollte, der sollte festes Schuhwerk einpacken und dem degewo-Skywalk einen Besuch abstatten.

Standort: Raoul-Wallenberg-Str. 42 • **Öffnungszeiten:** Sa/Di 10-12 Uhr, Do 14-16 Uhr • **Wie kommt man hin?** Tram 16/27/M6/M17 Freizeitforum Marzahn • **Weitere Informationen und Termine:** www.degewo. de/wohnen-in-berlin/berlin-erleben/degewo-skywalk/

24. Besuche die Alte Fasanerie Lübars.

FAMILIE

Inmitten der pulsierenden Hauptstadt echte Landluft genießen? Die Alte Fasanerie Lübars lässt genau das möglich werden und ist ein idealer Ausgangspunkt für allerlei naturnahe Aktivitäten. Der Familienbauernhof präsentiert das Landleben authentisch und bodenständig und appelliert dabei vor allem an den Entdeckerdrang von Kindern. Kühe, Schafe, Schweine, Ziegen, Esel, Pferde, Meerschweinchen und Enten werden artgerecht gehalten und können beim Erkunden des Bauerngartens bestaunt werden. Neben verschiedenen kostenpflichtigen Kursen offeriert die Alte Fasanerie Lübars eine ganze Bandbreite kostenfreier Workshops, in denen den Kids traditionelles Handwerk und der Umgang mit der Natur auf kreative Weise nähergebracht werden. Insbesondere in den kostenfreien Töpferkursen werden kleine Künstler geboren, die unter fachkundiger Leitung ihre eigenen Skulpturen erschaffen. Beim Imkerei-Workshop erhalten kleine Entdecker hingegen einen fundierten Einblick in die Bienenhaltung. Und anschließend kann man sich auch noch auf dem angrenzenden Erlebnisspielplatz austoben. Top!

Standort: Fasanerie 10 • **Öffnungszeiten:** Mi-Sa 12-20 Uhr, So 10-20 Uhr • **Wie kommt man hin?** M1/21 Rosenthal Nord • **Weitere Informationen und Termine:** www.alte-fasanerie-luebars.de

KULTUR

25. Lausche den Orgelklängen beim Stummfilm im Kino Babylon.

Im Szenebezirk Mitte darf man sich in einem der bekanntesten Essay-Kinos Berlins auf eine kleine Zeitreise der Kinokultur begeben. Ist man von der imposanten

Fassade samt elegantem Foyer schon beeindruckt, muss man bei dem riesigen Hauptsaal respektvoll innehalten. Der kunstvolle Baustil der Dreißiger Jahre suggeriert eine ganz besondere Form der Gemütlichkeit, während die Sitze so praktisch angeordnet sind, dass man sich auch während der Vorstellung problemlos seinen Weg bahnen kann. Dass in diesem Kino die Zeit wahrlich stehen geblieben ist, zeigt sich nicht nur im Ambiente, sondern vor allem auch in dem vielfältigen Filmangebot, das von Künstlerprojekten aus aller Welt, über Schwarz-Weiß – bis hin zu Stummfilmen reicht. Bei kleineren Filmprojekten haben die Zuschauer zudem oftmals die Möglichkeit, sich mit dem Regisseur anschließend aus-zutauschen und zu diskutieren. Besonders gefragt ist das kostenlose Stummfilmkino, welches den Zuschauer regelmäßig in die goldenen Zwanziger Jahre entführt.

Kostenloses Stummfilmkino mit Kinoorgel im Babylon

Eine original restaurierte Kinoorgel samt 913 Orgel-
pfeifen und 137 Klangteilen ermöglicht an dieser Stelle
eine musikalische Untermalung der besonderen Art. Da
Kultur im Babylon großgeschrieben wird, finden neben
Filmvorführungen auch Lesungen, thematische Film-
rundschauen sowie Programme für Kinder ihren Platz.

Standort: Rosa-Luxemburg-Str. 30 • **Öffnungszeiten:**
je nach Programm • **Wie kommt man hin?** U8 Weinmeisterstraße • **Weitere Informationen und Termine:**
www.babylonberlin.de

26. Fotografiere den Geisterbahnhof Siemens-stadt.

BESONDERE ORTE

Nahe dem quirligen Berliner Zentrum findet man, umringt von Bürokomplexen und Geschäften, einen besonders geheimnisvollen Ort: den Bahnhof Siemensstadt.
Dort, wo einst alles in Bewegung war und tagtäglich
Tausende Arbeiter geduldig auf ihre Bahn warteten,
herrscht heute eine idyllische Stille. Der Bahnhof Siemensstadt, der von den Unternehmern Siemens & Hals-
ke zwischen 1927 und 1929 errichtet wurde, durchlief
mit dem Reichsbahnstreik im September 1980 einen
entscheidenden Wendepunkt, welcher auch das Ende
des Bahnbetriebs bedeutete. Ein umgekippter Bauzaun
und zugenagelte Fenster und Türen könnten nicht besser die Abwesenheit aller Geschäftigkeit symbolisieren.
Da viele Abgrenzungen nur provisorisch errichtet wurden, erreicht man den Bahnhof Siemensstadt problem-

los, ndem man einen der eingedrückten Zaunabschnitte als Eingang nutzt. Bereits das Ansagerhäuschen lässt erkennen, dass der Bahnhof viel von seinem alten Glanz verloren hat und immer mehr zum Treffpunkt von Jugendlichen auserkoren wurde. Schaltkästen, Schutt und eingeschlagene Scheiben lassen letzte Spuren der damaligen Zeit erkennen und spiegeln sichtbar den Vandalismus wider, der hier zuweilen vorherrscht. Die Stimmung an diesem Ort, an dem nie mehr ein Zug halten wird, lässt sich wohl am ehesten mit einem postapokalyptischen Zukunftsszenario vergleichen, welchem man sich nur schwer entziehen kann. Folgt man den Gleisen ein kleines Stück, stößt man schon bald auf ein Wäldchen, das sich gemeinsam mit dem Geisterbahnhof zwar

Lost Place: Der Geisterbahnhof Siemensstadt

zu einer märchenhaften Symbiose vereint, aber dennoch beweist, wie viel die Natur sich bereits von diesem Stückchen Erde zurückgeholt hat.

Standort: Rohrdamm • **Öffnungszeiten:** 24 Stunden zugänglich • **Wie kommt man hin?** U7 Rohrdamm

27. Entdecke das Baumhaus an der Mauer.

Nur unweit des Bethaniendamms in Kreuzberg findet sich ein kurioser Schauplatz, an dem ein ganz besonders außergewöhnliches Stück Berliner Geschichte geschrieben wurde. Als 1982 der Rentner Osman Kalim ein wenig gelangweilt war, wurde er auf eine kleine vereinsamte Verkehrsinsel im Grenzgebiet aufmerksam, die er besetzte. Sodann startete er mit dem Bau eines Häuschens, welches man so in Berlin wohl selten gesehen hat. Wenn auch die Westbehörden dem eigenwilligen Bau anfangs mit Skepsis gegenüberstanden, ließen sie Osman, der offiziell ja das Ausland bebaute, gewähren. Auch das Zentralkomitee der SED – welch Wunder! – lenkte ein und erteilte Osman eine offizielle Genehmigung zur Nutzung des 350 qm großen Grundstücks. Steht man dem Baumhaus das erste Mal gegenüber, ist es wohl schwer vorstellbar, dass dieser Verschlag aus Brettern samt Schrebergarten als improvisierte Unterkunft dienen kann. Dennoch versprüht dieser Ort ein ganz einzigartiges Flair, wenn man die einzelnen Äste des Baums betrachtet, die sich mit der Zeit ihren Weg durch die Wand und das Dach des kleinen Häuschens gebahnt haben. Heute ist Osman Kalim stolze 90 Jahre alt und schenkt Vorbeilaufenden gerne einen freundlichen Gruß, während er gemütlich in seinem weißen Gartenstuhl sitzt. Um das Haus kümmert sich mittlerweile Kalims Sohn, der sich, wie sein Vater, mittlerweile Rang und Namen unter seinen Nachbarn gemacht hat.

Standort: Mariannenplatz • **Öffnungszeiten:** 24 Stunden zugänglich • **Wie kommt man hin?** U1 Schlesisches Tor

Das legendäre Baumhaus an der Mauer

28. Schließe neue Bekanntschaften in einem Waschsalon.

Am besten geht das in Weißensee. Hier lockt zwar der namensgebende Weiße See, ansonsten findet man aber im ganzen Viertel nur viel Verkehr und eben Waschsalons. Die Waschsalons sind aber nicht einfach nur Waschsalons, sondern ein elementarer Treffpunkt für Studenten, die hier bei einem Coffee to go während des Schleudergangs einen kleinen Plausch abhalten. Schneller lernt man in Berlin keine neuen Leute kennen.

29. Besuche die Rodelbahn am Insulaner.

Wenn die kalten Tage anbrechen und die ersten Schneeflocken vom Himmel rieseln, werden in Berlin die Schlitten rausgeholt. Zahlreiche Berge und Hügel bilden die ideale Basis zum Rodeln. Eine Strecke, die ihre ganz eigene Raffinessen besitzt, ist die Rodelbahn am Insulaner. Ein rund 200 langer Hang zieht sich den 80 Meter hohen Berg hinunter, der zu einer der größten Anhöhen Berlins zählt. Freu dich dank des steilen Hangs auf eine rasante Fahrt, die schlussendlich langsam im Tal endet. Kinder oder Angsthasen können sich auch auf der kleineren Piste am Ende der Rodelbahn erst mal eingewöhnen, bevor sie sich auf die Hauptbahn wagen. Da viele Wintersportler bereits beim Aufstieg zur Plattform aus der Puste kommen, gibt es zudem die

Jede Menge Rodelspaß am Insulaner

Möglichkeit, das Rodelvergnügen an einem mittigen Punkt der Bahn zu starten.

Standort: Munsterdamm/Ecke Prellerweg, • **Öffnungszeiten:** 24 Stunden zugänglich • **Wie kommt man hin?** S2/25/26 Priesterweg

30. Bezwinge den Türsteher vom Berghain.

ABENTEUER

Das Berghain zählt zu den bekanntesten Clubs Berlins und lässt noch viele Jahre nach seiner Eröffnung Technoliebhaber aus aller Welt in die Stadt pilgern. Kein Wunder, dass die Schlange vor dem imposanten Betonklotz auch in den frühen Morgenstunden nicht kürzer werden will. Doch selbst wenn man die lang ersehnten Tore zum Berghain erreicht hat, ist der Eintritt noch lange nicht sicher. Viele Partygänger werden auch nach Stunden des Wartens weggeschickt. Wer die Nächte in dem berühmtesten Club der Stadt verbringen darf, entscheidet Sven Marquardt, einer der härtesten Türsteher überhaupt. Emotionslos und mit einer ordentlichen Prise Arroganz blickt er in erwartungsvolle Gesichter und schüttelt immer wieder entschlossen den Kopf. Wer ihn kennt, der weiß, dass das Berghain nicht umsonst für eine gnadenlose Türpolitik bekannt ist und es keine festen Regeln für einen sicheren Einlass gibt. Beobachtet man die Menschenmengen jedoch etwas genauer, so lassen sich manche Theorien ableiten, was zumindest die weniger gern gesehenen Gäste betrifft. So gilt es trotz Euphorie und stattlichem Alkoholpegel, niemals negativ aufzufallen oder durch ein Übermaß an Lautstärke auf sich aufmerksam zu machen. Die richtige Mischung aus Berliner Lässigkeit und Coolness

Schlange stehen als Erlebnis: im Berghain

scheint hier die ersten wichtigen Weichen zu stellen. Auch zugeknöpfte Kleidung oder ein übertriebener Businesslook gelten als unpassend für diese Location. Und auch wenn es sich in einer Gruppe bekanntermaßen am besten feiert, empfiehlt es sich, sich getrennt oder in möglichst kleinen Gruppen anzustellen. Der Moment der Entscheidung gehört dann zu den unbezahlbaren Berlin-Erlebnissen: Nickt er, oder schüttelt er den Kopf? Auch wenn das Herz bis zum Hals klopft, heißt es ruhig bleiben und in jedem Fall den Blickkontakt halten.

Standort: Am Wriezener Bahnhof • **Öffnungszeiten:** je nach Event • **Wie kommt man hin?** S-Bahn Ostbahnhof • **Weitere Informationen und Termine:** www.berghain.de

31. Spaziere durch Pankow.

FREIZEIT

Pankow hat in den letzten Jahren in Sachen Kultur und Freizeitangeboten ordentlich nachgezogen und ist mittlerweile zu einem »Must« bei vielen Neuberlinern avanciert. Der quirlige und kreative Charakter zeigt sich vor allem in den zahlreichen kleinen Cafés sowie dem beinahe ländlichen Touch, den man ganz im Norden Pankows genießen kann. Nicht ohne Grund wird der Bezirk auch liebevoll »Schwabylon« genannt, und selbst Zugezogene wettern hier gerne mal über die Zugezogenen. Schließlich versperren diese regelmäßig den Fußweg, besetzen die besten Plätze im Café und stehen auch sonst gerne mal im Weg. Doch auch wenn die Pankower ihre kleinen Ecken und Kanten haben, ist es doch nicht von der Hand zu weisen, dass hier jeder seine Individualität und Kreativität ausleben darf. Eine Tatsache,

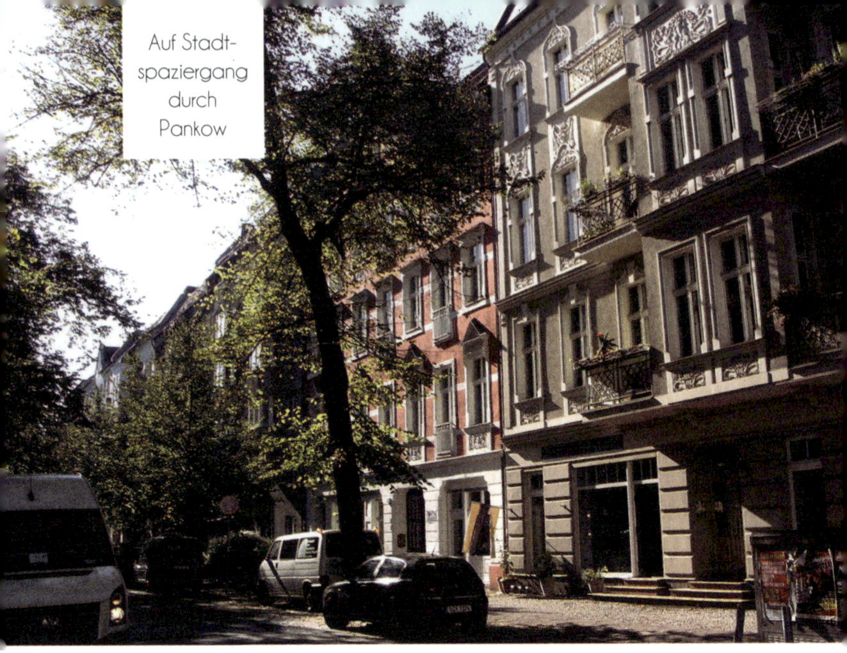

Auf Stadtspaziergang durch Pankow

die vor allem immer mehr Künstler und junge Familien nach Pankow lockt.

BESONDERE ORTE

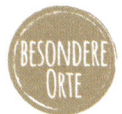

32. Entdecke die alte Bärenquell-Brauerei Berlin.

Wer schon immer ein paar düstere Nischen mit morbidem Charme erkunden wollte, findet in der Bärenquell-Brauerei unweit der S-Bahnstation Schöneweide den idealen Ort. Wo früher in gutbürgerlicher Manier Bier gebraut wurde, findet man heute eine verlassene Industrieruine, die majestätisch in den Himmel ragt. Das an der Spree ansässige Areal, welches seit Anfang der Neunziger dem Verfall und der Witterung ausgesetzt ist,

umfasst ganze zwölf Gebäude, die sich am besten mit der Taschenlampe erkunden lassen. Während der Kühlturm den ganzen Stolz dieses Ortes repräsentiert, lassen die Maschinen samt Steuereinheiten erahnen, welcher Betrieb hier einmal vorherrschte. Es erscheint fast paradox, wenn man das von der Decke ragende Bärenquell-Banner erblickt, das von diesen alten lebendigen Zeiten kündet. Wer sich in den Turm der Bärenquell-Brauerei wagt, der darf am Abschluss seiner Entdeckungstour einen spektakulären Ausblick über das Brauereigelände samt Alexanderplatz genießen. Ein beeindruckender Lost Place, der ein wunderbares Fotomotiv ist.

Standort: Schnellerstr. 136-137 • **Öffnungszeiten:** 24 Stunden zugänglich • **Wie kommt man hin?** S8/9/45 Berlin-Schöneweide

33. Mecker dich im Eastgate durch die Menschenmengen.

Wer an Marzahn denkt, der hat zunächst endlose Plattenbauten im Kopf. Und das nicht ganz unbegründet. Hier stürzt man sich gerne ins Getümmel und macht sich samt Familie auf ins Eastgate, um sich fluchend einen Weg durch die Massen zu bahnen. Überhaupt, nur hier kann der Berliner noch so richtig hassen. Ganz ohne Grund und gerne jeden. Das Wetter gefällt nicht? Danke, Merkel! Und überhaupt wird dem Marzahner ja alles weggenommen, selbst das Meckern. Dat man selber keen Urberliner is, tut hier nüscht zur Sache. Schließlich spricht man hier »Hochberlinerüsch«, dat muss ausreichen. Doch Marzahn kann auch anders. So tun sich mit den Gärten der Welt, Seen und zahlreichen Parks immer neue Oasen zwischen den Betonklötzen auf.

34. Genieße die ersten Sonnenstrahlen im Treptower Park.

Treptow steht für das Badeboot, das Hafenfest im Treptower Park, das Grillen im Treptower Park und das Chillen im Treptower Park. Treptow ist die grüne Lunge der Stadt. Und sobald die ersten Sonnenstrahlen im Frühling vom Himmel brennen, öffnen die Imbisse und Cafés im Treptower Park ihre Pforten, und die Wiesen sind im Nu belegt. Sauerstoff scheint das Lebenselixier der Treptower zu sein. Der Treptower Park ist daher keine schlechte Wahl, um in Berlin zu entspannen.

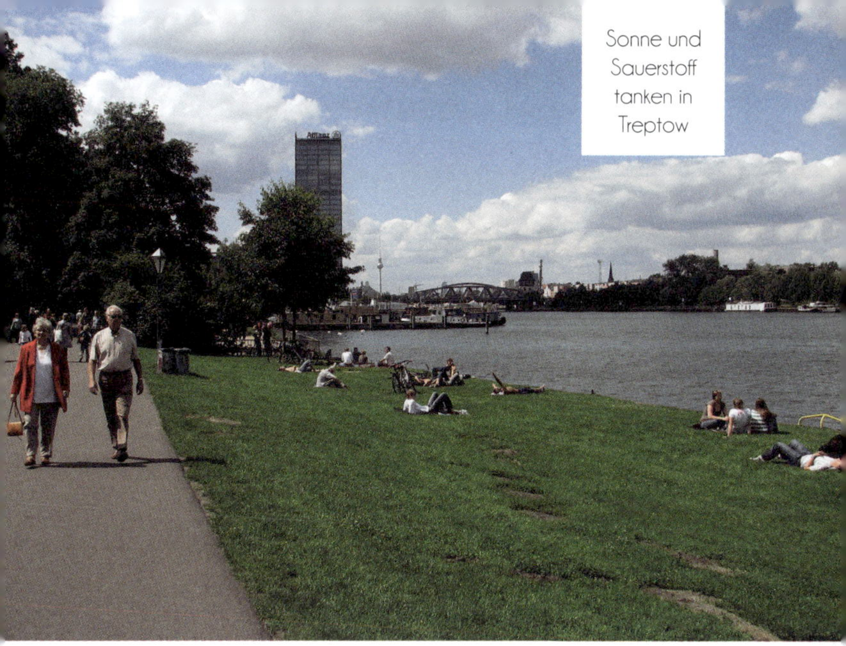

Standort: Alt-Treptow 1 • **Wie kommt man hin?** S 8/9 Plänterwald

35. Fühl dich am Müggel-see wie am Meer.

FREIZEIT

Mit fast 7,5 Quadratkilometern bietet der Mügelsee ausreichend Platz für zahlreiche Badegäste. Dank eines großzügigen Flachwasserbereichs kommen nicht nur Schwimmer, sondern auch kleine Kinder beim Planschen voll auf ihre Kosten. Weißer Sand, Volleyballfelder und abgelegene Buchten erinnern schon beinahe an eine Miniausgabe des Meers. Zahlreiche Segelboote schippern übers Wasser, während Hobbymatrosen sich nach dem Anlegen in einer der gemütlichen Gaststätten niederlassen und den Sonnenuntergang genießen, der die Illusion vom Tag am Meer perfekt werden lässt.

Standort: Großer Müggelsee • **Öffnungszeiten:** 24 Stunden zugänglich • **Wie kommt man hin?** Bus N67 u. Tram 61 Strandbad Müggelsee • **Weitere Informationen und Termine:** www.am-mueggelsee.de

Echt der Müggelsee? Oder doch das Meer?

36. Erkunde orientalische Spezialitäten in Neukölln.

BESONDERE ORTE

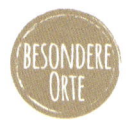

Neukölln lebt von den Gegensätzen der hier ansässigen Kulturen. Steht der nördliche Teil Neuköllns vor allem bei den Studenten immer höher im Kurs, finden ganz im Süden, in der Hochhaussiedlung, vor allem Familien ihren Platz. Kann man sich tagsüber den Magen mit den besten Dönern, Falafel, Burritos oder Leckereien vom Bäcker vollschlagen, wird abends in den Bars Shisha geraucht. Überhaupt findet man hier alles, was es gibt und

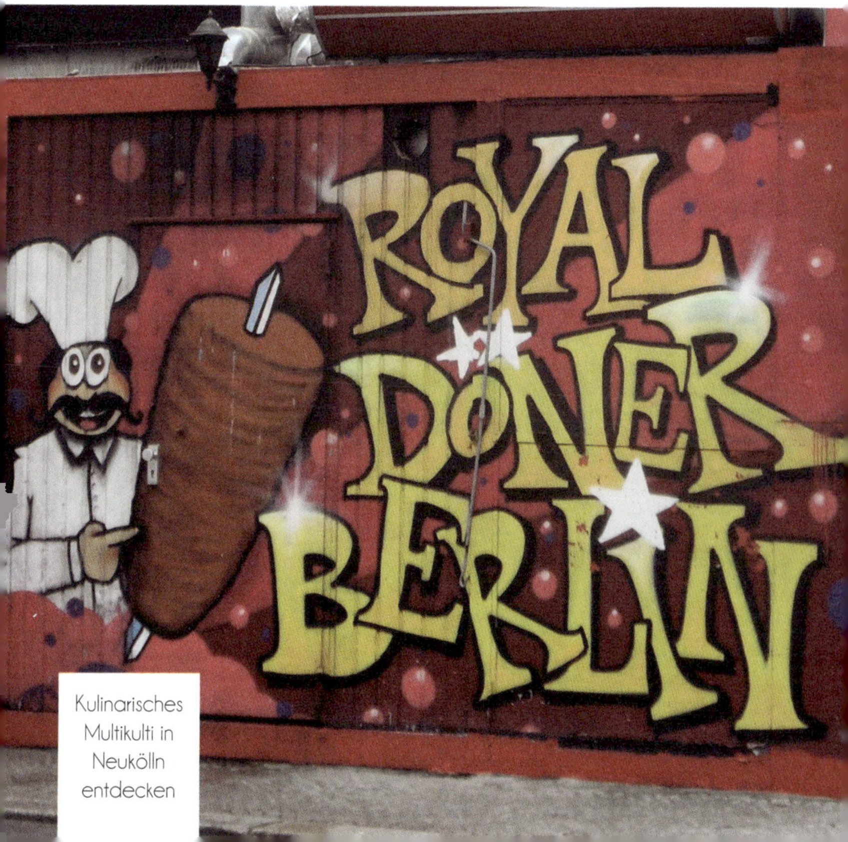

Kulinarisches Multikulti in Neukölln entdecken

man nicht braucht. Supermärkte reihen sich an eine endlose Zahl an Bäckereien und Secondhand-Shops. Am Maybachufer lockt dann der berüchtigte BiOriental Markt, auf welchem man neben Stoffen oder Schmuck vor allem zum Feierabend Tüten voller Obst und Gemüse für wenig Geld bekommt.

Standort: BiOriental Markt, Maybachufer 1-14 • **Öffnungszeiten:** Di/Fr 11-18.30 Uhr • **Wie kommt man hin?** U 1/8 Kottbusser Tor

LAND & LEUTE

37. Erfinde dich im Prenzlauer Berg neu.

Kaum ein Bezirk ist so gefragt wie der Prenzlauer Berg. Das Viertel bietet eine bestechende Kombination aus luxuriösem Wohnen und alternativem Lebensgefühl.

Prenzlauer Berg: Paradies für Hipster

Da kann es einem auch schon mal passieren, dass man Ur-Berliner Spanisch miteinander reden hört. Die Menschen im Prenzlberg erfinden sich eben immer wieder neu. Nirgendwo in Berlin gibt es eine solche Ballung an Kreativität, Irrsinn und Ausgelassenheit wie im Mauerpark. Wer hier am Sonntag vorbeischaut, der trifft Rastas, Patchwork-Familien, Künstler, Studenten und Sonnenanbeter, die in netter Runde chillen, feiern und grillen. Dass die Menschen sich hier absolut frei fühlen, zeigt sich leider auch in dem Fahrverhalten der Radler, die in einem ewigen Krieg zu allen nicht fahrradfahrenden Individuen zu stehen scheinen. Uhrzeiten sollten wie die Straßenverkehrsordnung im Prenzlauer Berg niemals zu genau genommen werden. Eine Verabredung um 16 Uhr ist nicht der Zeitpunkt, an dem man sich trifft, sondern der frühestmögliche Zeitpunkt eines Treffens. Penible Pünktlichkeit ist absolut out und engt den Prenzlberger nur unnötig ein.

Standort: rund um den Kollwitzplatz • **Wie kommt man hin?** U2 Senefelder Platz

38. Finde den richtigen Dresscode in Kreuzberg.

LAND & LEUTE

Möchte man sich selbst finden und Weltoffenheit in Reinkultur leben, dann ist man im Kreuzberg bestens aufgehoben. Individualität und facettenreiche Mentalitäten machen das bunte Flair dieses Bezirks aus, der als Sinnbild für neue Lebensmodelle steht. Mit einem Wegbier in der Hand findet man an nahezu jeder Ecke ein nettes Plätzchen in einem Café, einem Imbiss oder schließt in einer der rauchigen Nichtraucherkneipen neue Bekanntschaften. In Sachen Outfit fordert der Kreuzberger sich immer wieder gerne selbst heraus. Alternativ und bunt ist diese Devise. Auffallend darf es gerne sein, allerdings nicht zu gewollt. Künstler sind hier gerne mit bunten Sneakers und Spiegelreflexkameras unterwegs. Schließlich macht hier jeder irgendwas mit Marketing oder Medien oder Werbung oder alles zusammen. So richtig weiß man das oft selbst nicht. Da sich die Kreuzberger ungern außerhalb ihres Viertels bewegen, ist es kein Wunder, dass viele ihren Job entweder direkt im Kiez ausüben oder praktischerweise im Homeoffice. Denn seien wir mal ehrlich: Bei einer so vielfältige Auswahl an Geschäften, Cafés und Clubs wie in Kreuzberg, braucht es den Rest der Stadt um einen herum gar nicht mehr.

Standort: rund um den Mehringdamm • **Wie kommt man hin?** U 6/7 Mehringdamm

Leg dich nicht mit Kreuzberg an

39. Verbessere deine Englischkenntnisse in Mitte.

Kaum ein Bezirk offenbart so viele Sightseeing-Highlights und Shoppingmöglichkeiten wie der Bezirk Mitte. Auf dem Gendarmenmarkt, in der Friedrichstraße und im Hackeschen Markt geht alles etwas dekadenter und feiner zu. Kein Wunder, dass sich hier individuelle Designer, Starfriseure und namhafte Modeboutiquen gern niederlassen. Auch Unternehmer fühlen sich in Mitte heimisch. Vor allem in der Friedrichstraße sprießen die Start-ups nur so aus dem Boden. Grundsätzlich spricht hier auch der Urberliner fast durchweg Englisch, vor allem in geselliger Runde. Ansonsten zeigt man sich in Mitte gerne mit teurer Sonnenbrille und Markenklamotte und freut sich bei einem Chai Latte für 8 Euro, dass das aktuelle Loft gerade mal 1800 Euro Kaltmiete kostet. Dazwischen gesellen sich dann noch die HU-Studies, die samt ihrem Laptop meist schon zum Inventar ihres Lieblingscafés zählen. Besonderer Anziehungspunkt in Mitte ist im Sommer der sogenannte Beachmitte, ein wahres Paradies für Beachvolleyballer.

Standort: Hackescher Markt • **Wie kommt man hin?** S-Bahn Hackescher Markt

40. Bestaune das Werk eines stillen Helden.

In einem idyllischen Hinterhof in der Rosenstraße findet man das kleine Museum der Blindenwerkstatt Otto

Die alte
Werkstatt
von Otto
Weidt

Weidt, in welchem die Zeit förmlich stehengeblieben ist. Erzählt wird die Geschichte des engagierten Geschäftsmannes Otto Weidt, der zur Zeit des Zweiten Weltkriegs blinden und gehörlosen Juden eine Arbeit gab und sie mit Beharrlichkeit vor den Nationalsozialisten schützte. So versorgte er die Menschen nicht nur mit Essen und gefälschten Ausweisen, sondern bestach mitunter auch die Gestapo, um das Leben unzähliger verfolgter Juden zu retten. Ein hölzerner Dielenboden bahnt den Weg durch drei voneinander unabhängige Ausstellungen, die als berührendes Zeitzeugnis einer schrecklichen Epoche dienen. Acht Themenbereiche spiegeln den Alltag des Weidt'schen Betriebs wieder und beleuchten das Leben der Beschäftigten, die an diesem Ort Arbeit fanden und Bürsten, Hausrat, Besen und sogar Teile für die Wehrmacht herstellten. Alle Arbeitsgeräte besitzen nach wie vor ihre ursprüngliche Anordnung, während die Wände mit Fotografien des damaligen Arbeitsalltags versehen sind. Fachkundiges Personal gibt Besuchern einen detaillierten Einblick in die Geschichte eines beeindruckenden Mannes und beantwortet voller Geduld sämtliche Fragen. Neben kostenfreien Führungen in verschiedenen Sprachen werden zudem spezielle Führungen für sehbehinderte, blinde und gehörlose Besucher angeboten (Anmeldung nötig!). Die Blindenwerkstatt Otto Weidt ist weit mehr als nur ein kleines Museum. Sie ist ein erstaunlicher Ort, der an eine schreckliche Zeit erinnert und zeigt, welche Wichtigkeit schon immer die stillen Helden hatten. Helden, die den Mut aufbrachten, den Menschen zu helfen, die aus sinnlosem Hass verfolgt wurden.

Standort: Rosenthaler Str. 39 • **Öffnungszeiten:** Mo-So 10-20 Uhr • **Wie kommt man hin?** S-Bahn Hackescher Markt • **Weitere Informationen und Termine:** www.museum-blindenwerkstatt.de

Der Bücher-
wald in der
Sredzki-
straße

41. Stöbere durch den Bücherwald.

Flaniert man in der Sredzkistraße im Prenzlauer Berg entlang, bemerkt man, dass dort ein besonderes Wäldchen sprießt: der Bücherwald. Der Wald ist eine Sammlung von Baumstämmen, die ausgehöhlt und mit Regalbrettern ausgestattet wurden, um eine für jeden zugängliche Bibliothek zu schaffen. In den geschnitzten Regalen erwarten neugierige Leser verschiedenste Bücher, darunter Fachbücher, Belletristik, Hardcover und Paperbacks. Ausgelesene Bücher finden in den Regalen so lange ihr Zuhause, bis neue Besitzer sie für sich entdecken. Der exotische Büchertausch basiert auf einer reinen Vertrauensbasis und setzt voraus, dass jeder Leser, der etwas nimmt, auch etwas gibt. »Bookcrossing« nennt sich das Prinzip, welches zum Ziel hat, Menschen durch Bücher zu verbinden. Wer die Reise seines Wälzers nachverfolgen will, der registriert sein Werk mittels einer ID-Nummer unter www.bookcrossing.de.

Standort: Sredzkistr. 48 • **Öffnungszeiten:** 24 Stunden zugänglich • **Wie kommt man hin?** Tram M10 Husemannstraße • **Weitere Informationen:** www.bookcrossing.com

42. Entdecke den dörflichen Teil Köpenicks.

In Köpenick eröffnet sich dem Berlin-Besucher eine ganz neue Welt. Start-ups und Technologiezentren sind

hier ebenso angesiedelt wie studentenfreundliche Cafés, in denen der Latte macchiato sich sogar für unter zwei Euro schlürfen lässt. Findet man im Westen des Bezirks noch die ein oder andere Platte sowie Altbauten, säumen zahlreiche Einfamilienhäuser den Osten des Kiezes. Wer mit dem Bus zum Müggelsee durch Köpenick fährt, kommt sich schnell vor, als würde er durch kleine Dörfchen reisen. Viel Grün, dichte Wälder und ein riesiger See lassen schnell Ostsee-Feeling aufkommen. Hier verlagert sich das Leben aufs Wasser, und es wird geschwommen, gepaddelt und gerudert. Köpenick ist definitiv einen ausgedehnten Stadtspaziergang wert, den man direkt am S-Bahnhof Köpenick in Richtung Müggelspree starten kann.

Standort: Mahlsdorfer Straße / Ecke Stellingdamm
• **Wie kommt man hin?** S3 Köpenick

43. Erlebe die Berliner von ihrer mürrischen Seite in einem Bürgeramt deiner Wahl.

Geht es um formale Angelegenheiten wie das Ummelden, die Beantragung von Ausweis und Lohnsteuerkarte oder die Änderung von Fahrzeugpapieren, ist das Bürgeramt die erste Anlaufstelle für die Berliner. War es vor einigen Jahren noch üblich, sich in den Morgenstunden eine Wartemarke an vorderster Front zu sichern, hat der Senat mittlerweile zur Vereinfachung eine elektronische

Terminvergabe etabliert. Doch mit einem Blick in den
Onlinekalender wird klar: Wer hier seine Papiere oder
Ähnliches beantragen will, muss sich auf Wartezeiten
von bis zu sechs Wochen gefasst machen. Möchte man
Berlin daher mal von seiner mürrischen Seite erleben,
reicht es aus, einem Bürgeramt während der Stoßzeiten
einfach mal einen Besuch abzustatten. Lange sandfarbe-
ne Flure, ausgestattet mit Wandzeitungen, führen den
Besucher unmittelbar in einen gut gefüllten Warteraum.
Hier erlebt man Berlin, wie es wirklich ist: schlecht ge-
launt, multikulturell, leicht reizbar und dennoch mit
unendlichem Fatalismus gesegnet. Was für ein Spaß.
Mit ein wenig Glück kann man auch manch Todes-
mutigen beobachten. So kommt es immer wieder vor,
dass Neuankömmlinge entsetzt in die Menge Wartender
blicken, um dann den nächstbesten Mitarbeiter mit den
Worten »Könn Se mich vielleicht och ohne Termin kurz

rannehmen? Jeht och janz schnell.« um Gnade zu bitten. Spätestens an dieser Stelle zeigt sich, dass es Dinge gibt, bei denen der Berliner überhaupt keinen Spaß verstehen. Bevor der Mitarbeiter auch nur einen Ton herausbringt, hat der Wartemob bereits eine unmissverständliche Antwort auf die Frage geben.

Standort: je nach Bezirk • **Öffnungszeiten:** je nach Bürgeramt • **Weitere Informationen und Termine:** www.service.berlin.de/standorte/buergeraemter

Kultur

44. Tauche in die Automobilgeschichte ein.

Fans schöner Autos müssen in Berlin einen Abstecher in die Classic Remise im Moabiter Kiez mache. Dort präsentiert sich ein altes Straßenbahndepot als moder-

Legendäre Automobile in der Classic Remise

ner Palast, der Hunderten von majestätischen Autos ein Zuhause bietet. Geparkt in gläsernen Garagen sind die Schätze nicht nur besonders gehütet, sondern stehen auch den bewundernden Blicken der Besucher zur Verfügung. Kein Wunder, dass man hier besonders an ruhigen Tagen gerne Stunden verweilt und beim Flanieren ins Träumen gerät. Neben elegant gebogenen Oldtimern sorgen vor allem die Sportwagen regelmäßig für offene Münder. Automobile von Rolls-Royce, Bugatti, BMW sowie Schmuckstücke von Ferrari lassen die Herzen von Autonarren höherschlagen.

Standort: Wiebestr. 36-37 • **Öffnungszeiten:** Mo-Sa 8-20 Uhr, So 10-20 Uhr • **Wie kommt man hin?** S41/42 Beusselstraße • **Weitere Informationen und Termine:** www.remise.de/Classic-Remise-Berlin.php

45. Erlebe ein Stück DDR in dem Museum in der Kulturbrauerei.

KULTUR

Seit fast 30 Jahren gehört die DDR der Vergangenheit an. In der Kulturbrauerei widmet sich ein kleines authentisches Museum diesem Teil der deutschen Geschichte und lädt Besucher zur kostenlosen Dauerausstellung »Alltag in der DDR« ein. Eine ganze Bandbreite originalgetreuer Ausstellungsstücke zeigt, wie das Leben in der DDR aussah und welche Themen die Menschen bewegten, angefangen von der Schule über den Beruf bis hin zum Einkaufen, dem Urlaub und den Stars aus Kunst und Kultur im Osten. Und spätestens

DDR-Museum: der Alltag im Osten

im nachgebauten Kiosk kommt garantiert Ostalgie auf. Wer einen noch detaillierteren Einblick in die Ausstellung bekommen möchte, kann an einer kostenlosen Führung teilnehmen, in welcher die verschiedenen Exponate fachmännisch beleuchtet werden.

Standort: Knaackstr. 97 • **Öffnungszeiten:** Di-So 10-18 Uhr • **Wie kommt man hin?** U2 Eberswalder Straße • **Weitere Informationen und Termine:** www.hdg.de/museum-in-der-kulturbrauerei

FREIZEIT

46. Werde zum VIP in einem Club in Charlottenburg.

Charlottenburg darf sich zu den wohlhabenderen Berliner Kiezen zählen, ist aber alles andere als langweilig.

Lässt man es im Osten der Stadt im Berghain und Co. bei wummernden Beats krachen, mögen es die Charlottenburger etwas stilvoller und familiärer. So sind auch die Charlottenburger gut im Feiern, und überhaupt wäscht hier eine Hand die andere. Irgendwie kommt man also immer in den Club und eigentlich gibt es keinen, der hier nicht auf der Gästeliste steht. Bekannt ist Charlottenburg auch für die bekannteste Einkaufsstraße: den Kurfürstendamm. An kaum einem anderen Ort treffen Dekadenz und Abgrund so aufeinander wie hier. Während die Herren hier gerne in Anzug und Kaschmirpullover umherlaufen und in den zahlreichen Boutiquen »sehen und gesehen werden« gilt, säumen immer auch zahlreiche Bettler den Ku'damm. Der Charlottenburger liebt seinen Kiez und zeigt sich gegenüber Nicht-Charlottenburgern gerne mal skeptisch. Geteilt wird hier nichts. Entweder man ist Charlottenburger oder nicht. Weder Moabit noch Tempelhof noch Steglitz noch der Rest Berlins ist Charlottenburg.

Standort: rund um den Kurfürstendamm • **Wie kommt man hin?** U1/9 Kurfürstendamm

47. Ernte deine eigenen Kartoffeln in der Domäne Dahlem.

FREIZEIT

Nur wenige Minuten von U-Bahnhof Dahlem-Dorf entfernt findet man in der Domäne Dahlem ein idyllisches Wochenend-Ausflugsziel für die ganze Familie. Schreitet man durch die zwei mächtigen Holztore, wird man von weiten Wiesen und bestellten Feldern empfangen. Zahlreiche Tiere wie Pferde, Schweine, Ziegen, Schafe und Kühe grasen friedlich auf dem weitläufigen Freilandgelände, während an anderer Stelle ein Schmied zu Werke ist. Eine Töpferei sowie eine Blaudruckerei laden zum Bestaunen fertiger Werke ein, sofern man nicht selbst fleißig mitwirken möchte. Kinder kommen bei einer Traktorfahrt voll und ganz auf ihre Kosten und dürfen an anderer Stelle eine Imkerei aus nächster Nähe bewundern. Wer seine Kartoffeln nicht selbst ausbuddeln möchte, der findet in einem kleinen Bioladen eine große Auswahl frischer Produkte. Wer es etwas ruhiger mag, der kann auf den langen Streuobstwiesen für einen Moment abschalten oder es sich mit Decke und Picknickkorb gemütlich machen. Der Eintritt zum Gelände ist grundsätzlich frei. Um Spenden wird gebeten. Fürs Museum müssen nur Erwachsene zahlen.

Domäne Dahlem: Raus aufs Land

Standort: Königin-Luise-Str. 49 • **Öffnungszeiten:** Mai bis September 8-21 Uhr, Oktober bis April 8-19 Uhr • **Wie kommt man hin?** U3 Dahlem-Dorf • **Weitere Informationen und Termine:** www.domaene-dahlem.de

48. Lausche der Stille auf dem Jüdischen Friedhof Weißensee.

BESONDERE ORTE

Etwas entlegen im Komponistenviertel von Weißensee findet man im Jüdischen Friedhof Weißensee einen märchenhaften und erhabenen Ort. Als einer der größten Friedhöfe Berlins stellt diese Anlage sämtliche Parks der Stadt in den Schatten. Er beherbergt 100.000 Grab-

Gedenkort: der Jüdische Friedhof Weißensee

stellen, die von majestätischen Baumkronen, verspielten Säulen und Vogelgezwitscher umgeben sind. Mausoleen reihen sich an schlichte wie prunkvolle Gräber, die mit rührenden Inschriften und Psalmen versehen sind. Über den Friedhof erstrecken sich weitläufige Pfade, die einem beim ersten Besuch etwas Orientierungsvermögen abverlangen. Zahlreiche Berliner Persönlichkeiten wurden hier beigesetzt, und inmitten des Friedhofs wurde ein prächtiges Steinrondell errichtet, welches Millionen von Juden gedenkt, die zum Opfer der nationalsozialistischen Verfolgung wurden. Flaniert man still und leise auf den Wegen, wird man sich der Mystik, die diesem Ort innewohnt, nicht entziehen können. Sofern männliche Besucher keine entsprechende Kopfbedeckung zur Hand haben, kann in dem Blumenladen nebenan kostenfrei eine Kippa ausgeliehen werden.

Standort: Herbert-Baum-Str. 31 • **Öffnungszeiten:** Mo-Fr 7.30-17 Uhr, So 8-17 Uhr • **Wie kommt man hin?** Tram und Bus Antonplatz • **Weitere Informationen:** www.jewish-cemetery-weissensee.org

FREIZEIT

49. Entspanne in der Hollywoodschaukel im Duncker.

Im Herzen vom Prenzlauer Berg offenbart sich Feierfreudigen ein gut versteckter Wohlfühlort. Neben angesagten Tanzabenden bietet der Dunckerclub auch wöchentliche Konzerte for free. Zu den weiteren Specials zählt vor allem der Darkmarket, der den Besuchern allerlei düsteren Krams präsentiert. Der Dunckerclub ist zwar klein, jedoch versprüht die individuelle Dekoration einen ganz besonderen Charme. Eine überdimensionierte Fledermaus, Ketten-Klorollen-Halter, kryptische Skulpturen und weiteres Grufti-Equipment finden hier ihren Platz. Hat man sich tänzerisch auf dem Hauptfloor verausgabt, kann man sich anschließend in einer separaten Area eine Pause vom wilden Getümmel gönnen. In lauen Sommernächten lässt es sich zudem in dem urigen Garten samt Tischen und Hollywoodschaukel relaxen. Mit rund 3,50 Euro fallen die Cocktailpreise überraschend fair aus und laden dazu ein, sich zwischen Indie, Pop und Rock zu erfrischen. Oldschool-Freunde älteren Semesters zählen ebenso zum authentischen Publikum wie eingefleischte Punks. Wer auf ehrliche Alternative oder Indie in typischem Berliner Flair steht, der sollte sich donnerstags bei einem kostenfreien Konzert einmal selbst vom Dunckerclub überzeugen.

Standort: Dunckerstr. 64 • **Öffnungszeiten:** Mo- Sa ab 21 Uhr • **Wie kommt man hin?** S8/41/42 Prenzlauer Allee • **Weitere Informationen und Termine:** www.dunckerclub.de

50. Feuere deine Lieblingsmannschaft in der FC Magnet Bar an.

FREIZEIT

Die FC Magnet Bar ist eine gesellige Fußballkneipe, in der Mitteschick und Berliner Flair aufeinandertreffen. So steht die Bar sowohl bei eingefleischten Fußballfans als auch bei Freunden des Party-Miteinanders hoch im Kurs. Wer nicht gerade dem Geschehen auf der Großbildleinwand folgt, der macht es sich draußen gemütlich und beobachtet das belebte Treiben rund um den Weinbergpark. Fußballanhänger aus aller Welt können einen netten Champions-League-Abend verbringen oder den Spielen in der heimischen Liga zuschauen. Da es aber besonders bei wichtigen Fußball-Events gerne mal richtig voll wird, empfiehlt es sich, vor allem bei größeren Gruppen rechtzeitig zu reservieren. Möchte man selber sein Können unter Beweis stellen, lassen sich an zwei Kickern spannende Matches austragen. Neben Germanys-Next-Topmodel-Abenden, die vor allem die Damen begeistern dürften, hält das Programm der FC Magnet Bar mitunter Tatort-Abende sowie Lesungen und Partys bereit.

Standort: Veteranenstr. 26 • **Öffnungszeiten:** Fr-Mi 12-2 Uhr • **Wie kommt man hin?** Tram Brunnenstraße/Invalidenstraße • **Weitere Informationen und Termine:** www.fcmagnetbar.de

51. Sei Teil eines Gemäldes in der Gartenstadt Falkenberg.

Nahe des S-Bahnhofs Grünau befindet sich die wohl idyllischste Gartenstadt Berlins. Da die Wohnsiedlung sich durch eine ganz außergewöhnliche Farbgebung hervorhebt, wird sie von den Berlinern auch liebevoll »Tuschkastensiedlung« genannt. Kontrastreiche und knallbunte Türen, Fensterläden und Balkone unterstreichen die Optik der Fassaden aller 128 Häuser, die wirken, als seien sie Teil einer liebevollen Kinderzeichnung. Die von dem Architekten Bruno Taut errichtete Gartenstadt schenkte sozial schwachen Menschen seinerzeit ein warmes Zuhause und zeigte sich als märchenhafter Kontrast zu den sonst grauen Mietskasernen. Stand die Siedlung wegen ihrer Andersartigkeit damals unter starker Kritik, darf Berlin heute stolz auf diesen einzigarten Flecken der Stadt sein. Da die Gartenstadt Falkenberg als eine der ältesten aller Weltkulturerbe-Siedlungen gilt, darf sie glücklicherweise auch heute nicht verändert werden.

Standort: Akazienhof 1 • **Öffnungszeiten:** 24 Stunden zugänglich • **Wie kommt man hin?** S8/46 Berlin-Grünau • **Weitere Informationen und Termine:** www.1892. de/siedlungen/gartenstadt-falkenberg.html

Die »Tuschkastensiedlung« in Grünau

52. Fühl dich im Café Bilderbuch wie zu Hause.

Das Café Bilderbuch in der Akazienstraße ist eine ganz besonders atmosphärische Location. Durchschreitet man den zunächst überschaubaren Eingangsbereich, eröffnet sich ein großzügiger Hinterraum, der wie eine Kombi aus Café und Bibliothek anmutet. Während in dem überdimensionierten Wohnzimmer mitunter selbst große Gruppen ihren Platz finden, machen es sich andere an einem der rustikalen Tische oder in einem der Sessel gemütlich. Verspielte Puppenhäuser und liebevoll eingerahmte Bilder umranden die deckenhohen Bücherregale, welche die Gäste mit immer neuem Lesestoff versorgen. Freunde guter Musik dürfen bei dem sonntäglichen Brunch sanfte Pianoklänge genießen oder sich bei regelmäßigen Events voll und ganz dem Vocal Jazz widmen. Sollte mal keine musikalische Veranstaltung auf dem Plan stehen, dürfen die Gäste selbst ihr Talent auf dem Flügel zum Besten geben. Wer hingegen lieber digital unterwegs ist, nutzt das kostenlose WLAN im vorderen Bereich des Cafés. Dass im Café Bilderbuch jedes Detail auf kleine Leseratten zugeschnitten ist, macht sich mitunter auch an den originell aufgemachten Speisekarten bemerkbar, die sich als förmliche Speisezeitung präsentieren und zum ausgiebigen Schmökern einladen. Kein Wunder, dass das Café Bilderbuch zunehmend zum Mehrgenerationentreff geworden ist und sich Studenten, Familien und auch ältere Besucher hier in netter Stimmung zusammenfinden. Wer am Wochenende im Herzen Schönebergs unterwegs ist und einen Abstecher ins Café Bilderbuch plant, der sollte rechtzeitig reservieren.

Standort: Akazienstraße 28 • **Öffnungszeiten:** Mo-Sa 9-0 Uhr, So 10-0 Uhr • **Wie kommt man hin?** U7 Kleistpark • **Weitere Informationen und Termine:** www.cafe-bilderbuch.de

53. Erklimme den Flakturm im Volkspark Humboldthain.

BESONDERE ORTE

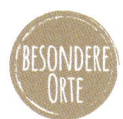

Einen historisch wertvollen Aussichtspunkt, eingebettet in weitläufiges Grün, findet man auf dem Flakturm Humboldthain, einem ehemaligen Weltkriegsbunker. Entweder schlängelt man auf dem Spazierpfad hinauf oder erklimmt die recht steilen Treppen bis zum Flakturm. Die Mühe lohnt, oben wird man mit einem imposanten Ausblick belohnt. An warmen Sommeraben-

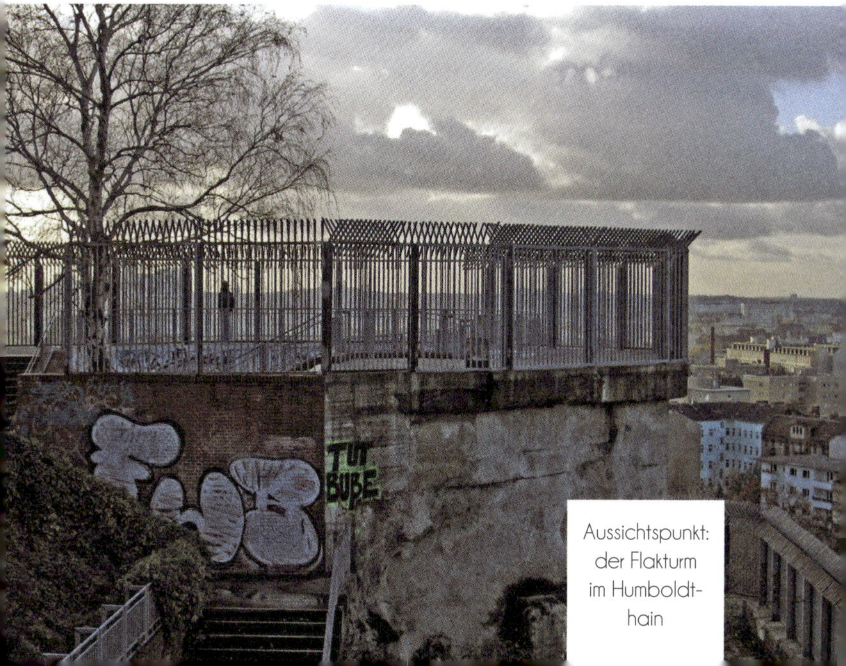

Aussichtspunkt: der Flakturm im Humboldthain

den mutet es an diesem Ort schon beinahe romantisch an, wenn die Sonne die Baumkronen in ein orangenes Licht taucht. Die Berliner Unterwelten bieten hier zudem interessante (kostenpflichtige) Touren durch den Flakturm an, die allerdings ein Mindestalter von 18 Jahren voraussetzen.

Standort: Brunnenstraße • **Öffnungszeiten:** 24 Stunden zugänglich • **Wie kommt man hin?** S- und U-Bahn Gesundbrunnen

54. Fühl dich wie ein Gefangener.

Im tiefen Osten Berlins, nahe des S-Bahnhof Köpenick, erhebt sich ein majestätisches Backsteingebäude, welches in einen ganz besonders düsteren Teil der Geschichte eintauchen lässt. So beherbergte das für die Untersuchungshaft errichtete Gebäude zahlreiche Häftlinge, die ganz ohne Heizung in den Zellen verweilen mussten. Hat man den Haupteingang hinter sich gelassen, kommt man vorbei an verblätterten Wänden und ausgehängten Türen, welche die düsteren Gänge im Traktinneren säumen. Mit alten Holztreppen und verwitterten Gitterstäben bedient der symmetrisch angelegte Gebäudekomplex wohl alle Horrorvorstellungen, die man von einem Gefängnis haben kann. Dicht aneinander reihen sich Zellen, die noch immer mit kräftigen Schlössern, eisernen Riegeln sowie Klappspionen versehen sind, die aufzeigen, wie ausgeliefert die Insassen an diesem Ort waren. Die Zellen selbst könnten durch die spartanische Einrichtung nicht kälter erscheinen und gewährten nur

einen minimalen Lichteinfall. Trotz des immerwähren-
den Verfalls ist der gute Erhalt des Gebäudes erstaunlich, und es scheint, es könnte jede Minute ein Wärter
hier seinen Dienst wieder aufnehmen.

Während ein Teil des Gefängnisses nur kostenpflichtig
zu besichtigen ist, widmet sich die kostenlose Ausstellung der Gedenkstätte Köpenicker Blutwoche, die hier
ebenfalls untergebracht ist, der Aufarbeitung von Gräu-
eltaten der SA im Jahr 1933.

Standort: Puchanstr. 12 • **Öffnungszeiten:** Sonntag
14-18 Uhr und Donnerstag 10-18 Uhr • **Wie kommt
man hin?** S3 Berlin Köpenick • **Weitere Informationen
und Termine:** www.gedenkstaette-koepenicker-blutwo-
che.org

55. Sei Teil einer Filmjury im Kino Sputnik.

In einem Hinterhof in Kreuzberg im fünften Stock findet man mit dem Sputnik ein liebevolles Arthouse-Kino mit zwei Kinosälen. Da diese mit jeweils 40 und 20 Plätzen nicht sehr groß sind, entsteht an diesem Ort eine ganz besonders private Atmosphäre. Bei der Filmauswahl setzt das Sputnik auf ausländische und deutsche Art-Filme, die man sonst nur selten zu Gesicht bekommt. Das Personal des Sputniks empfängt jeden Gast individuell und widmet sich mit ganzer Leidenschaft der künstlerischen Materie. Neben den gängigen Filmvorführungen, Lesungen und der sonstigen Kleinkunst sind vor allem die Open-Screening-Abende ein besonderes Highlight. Es findet jeden dritten Mittwoch im Monat statt und ist für die Besucher gänzlich kostenlos. Filmemacher haben hier die Möglichkeit, eigene Kurzfilme dem bunt gemischten Publikum zu präsentieren und sich ein offenes Feedback einzuholen. Nach der Vorführung steht der Filmemacher dem Publikum Rede und Antwort und schafft damit die Basis für spannende Diskussionen sowie das Knüpfen interessanter Kontakte. Wer also in Sachen Genre-Auswahl offen ist und selbst Teil einer Jury sein möchte, sollte den authentischen Charme des Sputniks einmal erleben.

Standort: Hasenheide 54 • **Öffnungszeiten:** je nach Programm • **Wie kommt man hin?** U7 Südstern • **Weitere Informationen und Termine:** www.sputnik-kino.com

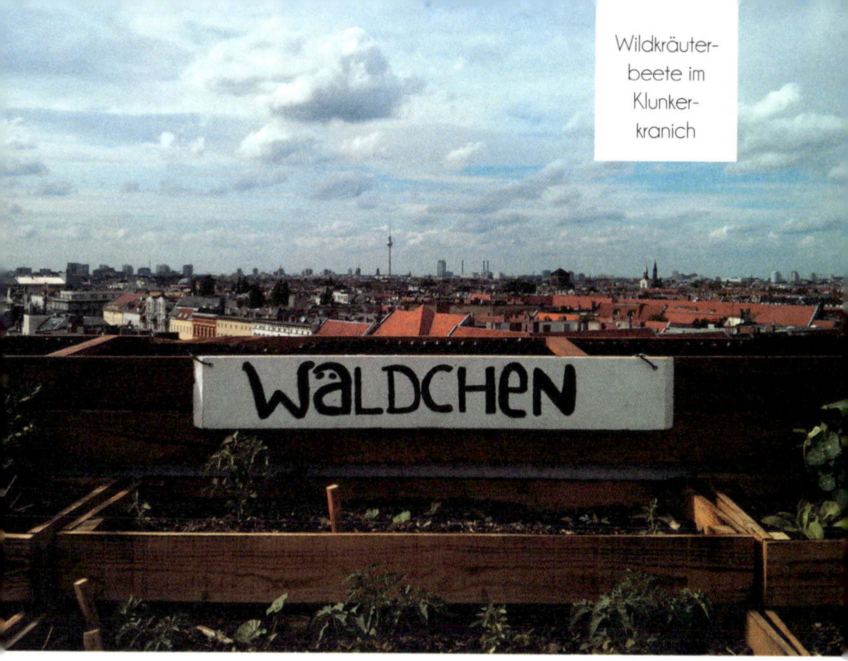

WALDCHEN

56. Rieche an den Wild-
kräutern im Klunkerkranich.

FREIZEIT

Der Klunkerkranich liegt ein wenig versteckt auf dem
Dach eines eher unscheinbaren Einkaufszentrums.
Dennoch ist die Dachterrasse einer dieser ganz besonderen Orte Berlins, die wie gemacht sind für laue
Sommernächte. Auf rund 2500 Quadratmetern hat ein
Künstlerkollektiv seinerzeit das betonierte Parkdach in
einen Kulturgarten verwandelt, der mit seinen vielen
rustikalen Holzmöbeln zum Verweilen einlädt. Liebevoll gepflegte Wildkräuter, eckige Blumenkästen und
bunt verstreuter Spielsand schenken diesem Platz seinen besonderen Charme, während der Ausblick quer

über die Stadt nicht imposanter sein könnte. Während für den Sommer überall kleine Rückzugsmöglichkeiten angeordnet sind, bietet ein kleines Holzhaus vor allem bei Regen und Wind den nötigen Wetterschutz. Schön: Im Klunkerkranich wird ein durchweg freundlicher Umgang gepflegt. Hier reichen sich Nachtschwärmer, Partypeople sowie Pärchen und Familien die Hand.

Standort: Karl-Marx-Str. 66 • **Öffnungszeiten:** je nach Jahreszeit • **Wie kommt man hin?** U7 Rathaus Neukölln • **Weitere Informationen:** www.klunkerkranich.de

KULTUR

57. Lausche einem Konzert im Körnerpark.

Zwischen Karl-Marx-Straße und Hermannstraße liegt der Körnerpark, eine Oase, in der es sich wahrlich aushalten lässt. Die gepflegte Anlage erinnert beinahe an eine Miniversion eines Schlossparks. Bunte Gewächse schmiegen sich an steinerne Balustraden, während ein Springbrunnen dem Park ein beinahe märchenhaftes Flair verleiht. Quasi rund um die Uhr bepflanzen fleißige Gärtner die einzelnen Blumenbeete, bringen die Hecken in Form und halten die Wege frei von Abfällen und Unrat. Wer hier nicht gerade die Füße verträumt ins kühle Nass hält, der beeindruckt sein aktuelles Date mit dem beinahe aristokratischen Anmut dieses Ortes. Ein besonderes Highlight im Körnerpark sind die »Umsonst & Draußen«-Konzerte, bei denen Jazz, Klassik und Rock zu hören ist. Ansonsten gibt es kostenloses Open Air-Kino oder Chorkonzerte. Wer in entspannter

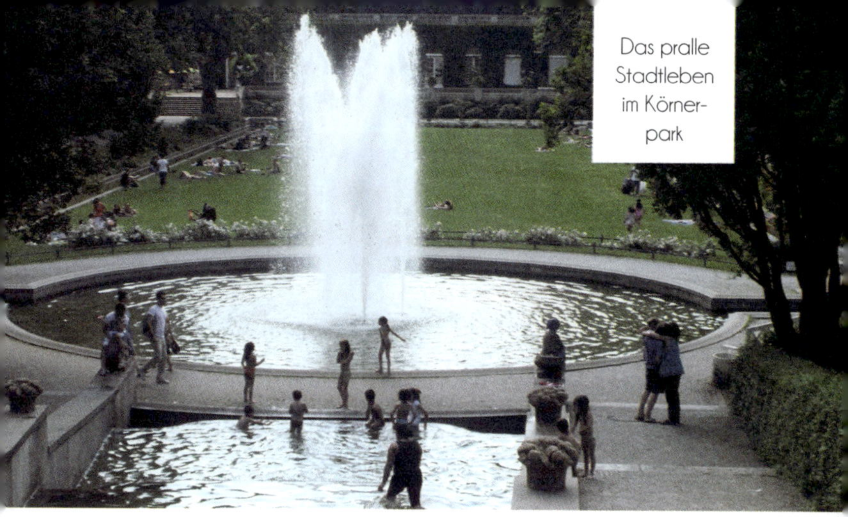

Das pralle Stadtleben im Körnerpark

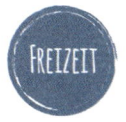

Atmosphäre etwas Kultur und Open-Air-Kunst erleben möchte, der sollte sich dieses Berliner Schmuckstück nicht entgehen lassen.

Standort: Schierker Str. 8 • **Öffnungszeiten:** Di-So 10-20 Uhr • **Wie kommt man hin?** S41/42/46 u. U7 Berlin-Neukölln • **Weitere Informationen und Termine:** www.körnerpark.de

58. Feier deine eigene Party in Friedrichshain.

FREIZEIT

Friedrichshain ist neben dem Prenzlberg das Aushängeschild Berlins und galt jahrelang als DER Bezirk der Großstadt. Hier liebt man es links, alternativ und tolerant gegenüber jeder Lebensform. Naja, zumindest jeder Friedrichshainer Lebensform oder einer, der mit dieser konform geht. Die Individualität sprießt den Berlinern

Immer ganz bei sich: die Friedrichshainer

hier aus jeder Pore. Wer für längere Zeit den Friedrichshain sein Zuhause nennt, findet sich früher oder später garantiert als tätowiert-gepiercte-Dreadlook-Variante seiner selbst wieder. Künstler, Neulinge und Feierfreudige fühlen sich nur im Friedrichshain wirklich Zuhause. Nach der Uhrzeit braucht hier übrigens niemanden fragen. Der Friedrichshainer kennt keine Zeit. Supermärkte, Bars und Clubs haben immer offen und der hippe Friedrichshainer bricht zur Wochenendparty gern erst am Sonntagnachmittag auf. Hat tatsächlich mal ein

Supermarkt geschlossen, wird bei einer Späti-Tour ein neuer Vorrat an Snacks und Bier anlegt. Wer bereits einen Vorgeschmack auf das Nachtleben bekommen möchte, der legt einfach eine nächtliche Tour mit der Tram M10, auch liebevoll »Partytram« genannt, ein. Hier wird vorgeglüht, nachgefeiert und nach durchzechter Nacht mitunter der Rausch ausgeschlafen.

Standort: rund um die Karl-Marx-Allee • **Wie kommt man hin?** U5 Strausberger Platz

59. Performe auf der Bühne im Kreativhaus.

Eine interessante Alternative zu den gängigen Kinderspiel- und -bespaßungsplätzen der Stadt findet man im Kreativhaus Berlin. Die auf der Fischerinsel ansässige Location versteht sich als eine Kultur- und Begegnungsstätte mit allerlei Angeboten für Jung und Alt. Die schlichten und warmen Räumlichkeiten laden die Kids dazu ein, neue Freundschaften zu schließen und abwechslungsreiche Freizeiterlebnisse zu genießen. Die angebotenen Kurse widmen sich Themen wie Theater, Tanz, Gesang und Chor. Immer sonntags gibt es Kinder-Eltern-Kreativ-Sonntage und die offene Bühne, auf der gelesen, gezaubert oder gesungen werden darf. Was ist dein Talent?

Standort: Fischerinsel 3 • **Öffnungszeiten:** Mo-So 12.30-18 Uhr • **Wie kommt man hin?** U2 Märkisches Museum • **Weitere Informationen und Termine:** www.kreativhaus-berlin.de

60. Mache es dir unter den Baumkronen an der Krumme Lanke gemütlich.

Möchte man in Berlin dem Großstadttrubel entkommen, ist die Krumme Lanke immer eine Reise wert. Der See, der vor allem durch sein herrlich klares Wasser besticht, hat seinen Namen der leicht gekrümmten Form zuzuschreiben. Umgeben von einem dichten Waldgebiet bietet die Krumme Lanke an heißen Tagen zahlreiche schattige und windgeschützte Plätzchen. Wem es an einer der drei Hauptbadestellen zu belebt zugeht, der sucht sich am Ufer einfach seine ganz eigene kleine Sandbucht. Wer nicht baden will, der kann seinen Gedanken bei einem ausgedehnten Spaziergang auf einem der Wanderwege freien Lauf lassen. Nicht nur im Sommer übt die Krumme Lanke eine besondere Anziehung aus – auch an milden Herbsttagen macht man es sich hier zu gerne unter sattrotem Blattgrün auf einer Bank gemütlich.

Standort: Krumme Lanke • **Öffnungszeiten:** 24 Stunden zugänglich • **Wie kommt man hin?** U3 Krumme Lanke

Großstadt?
Welche
Großstadt?
Naturidylle
Krumme Lanke

61. Genieße ein Jazzkonzert in der Kunstfabrik Schlot.

Die Kunstfabrik Schlot ist eine Topadresse für kostenlose Jazz- und Session-Abende. Angesiedelt in einem frischen Altbaublock begrüßt die Location ihre Besucher mit einer warmen Einrichtung und einem familiären Ambiente. Ein besonderes Highlight sind die montäglichen Jazzkonzerte mit Künstlern aus aller Welt. Während man in den vorderen Reihen entspannt den Klängen der Bands lauschen kann, lädt der hintere Bereich zu ausgedehnten Plaudereien ein. Jazzfans, die Wert auf eine offene Atmosphäre legen und sich gerne unter ein bunt gemischtes Publikum reihen, sind in der Kunstfabrik Schlot bestens aufgehoben.

Standort: Invalidenstr. 117 • **Öffnungszeiten:** Mo-So 20-1 Uhr • **Wie kommt man hin?** S1/2 Nordbahnhof • **Weitere Informationen und Termine:** www.kunstfabrik-schlot.de

62. Bewundere Street-Art im Urban Nation Museum For Contemporary Art.

Egal ob an U-Bahnhöfen oder Häuserfassaden: Graffitis gelten seit jeher als Wahrzeichen der Stadt Berlin und sind gleichermaßen beliebt und verabscheut. Ein ganz

besonderer Hotspot bildet hier der Bezirk Schöneberg, der diese rebellische Kunstform nun zähmen will und Fußgänger zu Galeriebesuchern macht. Im September 2017 öffnete das Urban Nation Museum For Contemporary Art seine Pforten. Auf zwei Stockwerken können sich Besucher bei kostenlosem Eintritt zeitgenössischer urbaner Kunst widmen, die leider noch immer oftmals als unerwünschte Subkultur abgetan wird. Die mehr als 150 Exponate von Künstlern aus aller Welt präsentieren sich auf weitläufigen Fassaden sowie in Schaufenstern und beweisen, wie ästhetisch und interessant urbane Kunst sein kann. Das Museum gilt nicht nur als Ausstellungsort, sondern dient in erster Linie als Plattform des crossmedialen Arbeitens und Austauschs, die Künstler und Besucher nachhaltig verbindet. Wer sich detaillierte Informationen zu den einzelnen Kunstwerken wünscht, darf an einer kostenfreien qualifizierten Führung teilnehmen. Dass das Urban Nation Museum For Contemporary Art bereits binnen kurzer Zeit eine Vorbildfunktion eingenommen hat, erkennt man schnell an den etlichen Bauten in der Nachbarschaft, die ihre Fassaden nun ebenfalls den Street-Art-Künstlern zur Verfügung stellen. Wer immer sich für Street-Art begeistern kann oder mehr über diese einzigartige Kunstform erfahren möchte, der sollte dem Urban Nation Museum For Contemporary Art unbedingt einen Besuch abstatten.

Standort: Bülowstr. 7 • **Öffnungszeiten:** Di-So 10-18 Uhr, • **Wie kommt man hin?** U2 Bülowstraße • **Weitere Informationen:** www.urban-nation.com/de

FREIZEIT

63. Verbuddel deine Füße im Sand im Yaam.

Unmittelbar am Spreeufer nahe dem Ostbahnhof zählt das Yaam zu den Topadressen für Reggae-Fans. Das Yaam ist nicht nur Strandbar, sondern hat sich mittlerweile zu einem multikulturellen Treffpunkt gemausert. Kein Wunder, versprüht das weitläufige Gelände samt viel Sand und Liegestühlen doch einen Hauch von Karibik. Wird das bunte Treiben nicht gerade durch stimmungsvollen Reggae, Black oder Hip-Hop untermalt, dann sorgen gut gelaunte DJs und Livebands für den richtigen Klangteppich. Kein Wunder, dass man hier Menschen jeder Couleur trifft, die sich entspannt in der Hängematte baumeln lassen oder die Füße im Sand verbuddeln. Wer genug vom Abhängen hat, der kann sich bei diversen Sportmöglichkeiten wie Basketball, Beachvolleyball, Soccer oder Tischtennis austoben.

Standort: An der Schillingbrücke 3 • **Öffnungszeiten:** Mo-So 11-24 Uhr • **Wie kommt man hin?** S-Bahn Ostbahnhof • **Weitere Informationen und Termine:** www.yaam.de

64. Mach mit beim Lachyoga auf dem Tempelhofer Feld.

Jeden Sonntag trifft sich auf dem Tempelhofer Feld eine gut gelaunte Gruppe, um beim Lachyoga Körper und Seele in Einklang zu bringen. Hat man sich nach einigen Dehn- und Klatschübungen gelockert, ist das Eis schon bald gebrochen, und es wird von Herzen gelacht. Dabei geht es nicht um strenge Techniken, sondern vielmehr um die Freude, gemeinsam den Stresspegel ordentlich zu senken. Schließlich ist lachen gesund. Es stärkt das Immunsystem und unterstützt das Herz-Kreislauf-System. Zudem fließt beim Lachen gut das Vierfache an Sauerstoff durch den Körper. Doch nicht nur die Gesundheit profitiert, auch Glückshormone werden durch das Lachyoga ausgeschüttet.

Standort: Tempelhofer Damm • **Termin:** sonntags 12-13.35 Uhr • **Wie kommt man hin?** U6 Platz der Luftbrücke • **Weitere Informationen und Termine:** www. kreativitaet-und-lachen.de

65. Fühl dich noch einmal wie ein Passagier auf dem Flughafen Tempelhof.

Einst war der Flughafen Tempelhof Zentrum des Ankommens und des Aufbruchs und empfing Tausende Reisende in seinen majestätischen Hallen. Auch wenn heute keine Flieger mehr in die Lüfte steigen, kann man sich bei einem Spaziergang über die Rollbahn immer noch sehr gut vorstellen, welch ein Andrang hier einst herrschte. Faszination macht sich spätestens dann breit, wenn man einen Blick ins Innere des Flughafengebäudes wirft und vor den alten Gepäckbändern steht. Im Bewusstsein, dass hier seit 2008 kein Flugzeug mehr gestartet ist, macht sich ein seltsames Gefühl der Einsamkeit

Der alte Flieger auf dem Tempelhofer Feld

Der
Flughafen
Tempelhof ...

... wirkt ferti-
ger als der
Großflug-
hafen BER

Früher ein Flughafen ...

ZENTRALFLUGHAFEN

... heute eine Spielwiese für Windskater

... Picknicker und Chiller ...

... Biker und urbane Gärtner

breit. Dieses Gefühl verfliegt jedoch spätestens auf dem Tempelhofer Feld. Es ist zu einem beliebten Hotspot geworden und bietet schier endlose Möglichkeiten der Freizeitgestaltung. Im Sommer trifft man viele Sportfans, die mit Fahrrad, Inlinern oder dem Skateboard ihre Runden drehen. Manchmal verirren sich sogar Windskater auf das Areal. Es wird gegärtnert, Paare lassen gemeinsam mit ihren Kindern Drachen in die Lüfte steigen, während andere die Picknickdecke rausholen und die Sonnenstrahlen genießen. Auch wenn das Publikum hier so vielfältig wie Berlin selbst ist, erlebt man wohl an kaum einem anderen Ort ein so friedliches Miteinander.

Standort: Platz der Luftbrücke 5 • **Öffnungszeiten:** Mo-Fr 9-17 Uhr, Sa/So 9-16 Uhr • **Wie kommt man hin?** U6 Platz der Luftbrücke • **Weitere Informationen:** www.thf-berlin.de

FREIZEIT

66. Genieße künstlerische Darbietungen im Laika.

Das Laika ist eine der Institutionen im Körnerkiez und ein beliebter Treffpunkt für Neuköllner. Die Einrichtung ist ebenso schlicht wie urig. Zwar bestechen manche der Sitzgelegenheiten nicht gerade durch Gemütlichkeit, dies tut dem Wohlbefinden im Laika aber keinen Abbruch. Spätestens bei den regelmäßigen Tatort-Abenden kann man sich der familiären Atmosphäre nicht mehr entziehen und frönt dem netten Beisammensein. Neben kostenloser Livemusik, Lesungen und schrägen Musikern sind vor allem auch die Improvisations-Theater-Darbietungen immer einen Besuch wert.

Standort: Emser Str. 131 • **Öffnungszeiten:** Mo-Sa 18-1 Uhr, So 18-24 Uhr • **Wie kommt man hin?** S41/42 u. U8 Hermannstraße • **Weitere Informationen und Termine:** www.facebook.com/LaikaNeukoelln

67. Stöbere in den Büchern im Leseglück Berlin.

FREIZEIT

Das Leseglück ist eine liebevoll arrangierte Buchhandlung, die nahe dem Görlitzer Park liegt.

Leseratten sind hier herzlich eingeladen, in der erlesenen Auswahl an Büchern zu stöbern. Neben internationaler Belletristik findet man hier mitunter Street-Art-Bücher, Biografien, Reiseführer sowie Hörbücher. Auch für die Kleinen hält der Laden ein ganzes Sammelsurium an Kinder- und Bilderbüchern bereit. Komplettiert wird das Angebot durch niedliche Geschenkartikel wie Geschenkpapier, Magneten, Postkarten oder kleinen Süßigkeiten. Im Sommer gibt es zudem die Möglichkeit, es sich mit Kaffee und einem leckeren Gebäck an einem der Tische vor dem Leseglück gemütlich zu machen. Die beiden Inhaberinnen sind mit viel Leidenschaft dabei und geben stets gute Tipps hinsichtlich der richtigen Literatur oder einer guten Geschenkidee. In regelmäßigen Abständen finden hier zudem Filmabende, kleine Konzerte sowie Lesungen statt, die sich in familiärer Atmosphäre genießen lassen. Das Leseglück ist ein kleines Highlight im Neuköllner Kiez und hebt sich angenehm von so manch überfülltem Buchladen ab.

Standort: Ohlauer Str. 37 • **Öffnungszeiten:** Mo-Fr 10-19 Uhr, Sa 10-18 Uhr • **Wie kommt man hin?** U8 Schönleinstraße • **Weitere Informationen und Termine:** www.leseglueck-berlin.de

LAND & LEUTE

68. Unternimm eine Zeitreise im Museum Pankow.

Inmitten von Pankow findet man in der Heynstraße 8 ein beschauliches Museum, in dem das Berlin vergangener Tage wieder lebendig wird. In der 900 Quadratmeter großen Gründerzeitwohnung im ersten Stock darf die historische Einrichtung aus dem Jahr 1893 bestaunt werden. Die gut erhaltenen und mit Liebe rekonstruierten Räume versprühen nicht nur einen ganz besonderen Charme, sondern machen auch die damalige Alltagskultur erlebbar. Während kunstvoller Stuck das Herrenzimmer ziert, entpuppt sich der Hinterhof samt Gartenhaus im Sommer als wahres Highlight. Sehenswert sind auch die Kachelöfen, die durch ihr Keramikrelief einzelne Elemente der Renaissance erkennen lassen. Selbst Bad und Küche wirken kompromisslos authentisch, inklusive einer Kachelbadewanne. Für sonstige Fragen steht ein freundliches Personal zur Verfügung, welches während der Führungen fachkundig auf die einzelnen Details des Museums eingeht. Neben den kostenlosen Führungen finden im Museum Pankow, Standort Heynstraße 8, immer wieder Sonderausstellungen statt, in denen näher auf die Geschichte des Viertels eingegangen wird.

Standort: Museum Pankow – Standort Heynstraße 8 • **Öffnungszeiten:** Di/Do/Sa/So 10-18 Uhr • **Wie kommt man hin?** S2 u. U2 Pankow • **Weitere Informationen und Termine:** www.berlin.de/museum/3108467-2926344-museum-pankow-standort-heynstrasse-8-fru.html

69. Lausche dem Lunchkonzert der Berliner Philharmonie.

Kultur

Wer auf der Suche nach exzellentem Musikgenuss ist, sollte sich die kostenlosen Lunchkonzerte der Berliner Philharmonie nicht entgehen lassen. Jeden Dienstag um 13 Uhr geben diverse Musiker kostenfrei ihre Kunst zum Besten. Da die Plätze zum Lunchkonzert heiß be-

Kostenlose Lunchkonzerte in der Philharmonie

gehrt sind, empfiehlt es sich, bereits um zwölf Uhr vor Ort zu sein. Bereits um kurz nach zwölf strömen Menschenmassen in die Halle und machen es sich an Tischen, auf den Stufen sowie auf dem Boden gemütlich. Musikliebhaber jeden Alters finden sich ein. Mancher in feiner Garderobe, andere dagegen in lässiger Alltagskleidung. Die Atmosphäre ist angenehm leger, und das Personal steht bei sämtlichen Fragen freundlich zur Verfügung.

Standort: Herbert-von-Karajan-Str. 1 • **Termin:** Dienstags 13 Uhr • **Wie kommt man hin?** Bus Philharmonie • **Weitere Informationen:** www.berliner-philharmoniker.de

FAMILIE

70. Plansche im Plänterwald.

Im Süden des Treptower Parks, nahe des ehemaligen Plänterwalds, findet sich mit der Plansche Plänterwald ein Sommerparadies für die ganze Familie. Eine riesige betonierte Wasser- und Planschfläche samt zahlreichen Duschen findet umringt von schattenspenden Bäumen hier ihren Platz. Die gut verteilten Duschen spritzen alle fünf bis zehn Minuten erfrischendes Nass in den Himmel, das anschließend wie feiner Sommerregen auf die Menge niederrieselt. Nun gibt es kein Halten mehr, und es wird jubelnd mit Wasser gespritzt oder sich unter den Fontänen abgekühlt. Wer sich beim Planschen ausreichend verausgabt hat, der erkundet einfach Doppelschaukel, Wippe, Netzpyramide sowie die weitläufigen Sandflächen. Eltern können sich in der Zwischenzeit

Wasser-
spiele in der
Plansche
Plänterwald

auf dem gepflegten Rasen ausbreiten oder legen auf den Bänken einen kurzen Plausch ein. Wer zur heißen Jahreszeit eine willkommene Alternative zum Schwimmbad sucht, der findet in der Plansche Plänterwald ein Ausflugsziel für die ganze Familie.

Standort: Dammweg 1 • **Öffnungszeiten:** Di-So 9-18 Uhr • **Wie kommt man hin?** S8/9 Plänterwald • **Weitere Informationen:** www.facebook.com/die.plansche

71. Ernte dein eigenes Gemüse in den Prinzessinnengärten.

FREIZEIT

Die Prinzessinnengärten sind eine niedliche Oase inmitten von Kreuzberg. Die einstige Betonwüste hat sich dank des ehrgeizigen Einsatzes vieler Helfer in einen romantischen kleinen Garten verwandelt. In dem Nutz-

garten tauscht man sich über alles Wissenswerte rund um den Gartenbau aus, bestaunt Bienenstöcke, pflanzt, gießt und setzt kleine Stecklinge um. In einem Café werden die frisch geernteten Gemüsesorten von Hand zu schmackhaften Gerichten verarbeitet und landen in bester Bioqualität auf dem Teller. Kein Wunder, dass inmitten grüner Pflanzen, zwischen Kräutern und Holzbänken eine ganz besondere Atmosphäre entsteht. An kaum einem anderen Ort lässt es sich besser erholen, innehalten und bei einem frischen Minztee der Bezug zur Großstadthektik verlieren. Im Sommer finden zudem regelmäßig Floh- und Kunstmärkte in den Prinzessinnengärten statt und laden zum Bummeln und Stöbern ein. Wer Lust hat, erntet vor Ort ein paar Kräuter, kauft frisches Gemüse oder die passende Lektüre, um sich der

Pflanzenkunde näher zu widmen. Wer im Zentrum der Großstadt einen kleinen Abstecher ins Grüne wagen möchte, der sollte in den Prinzessinnengärten Kreuzberg einmal selbst mit anpacken.

Standort: Prinzenstr. 35-38 • **Öffnungszeiten:** Mo-Sa 10-22 Uhr, So 10-20 Uhr • **Wie kommt man hin?** U1 Prinzenstraße • **Weitere Informationen und Termine:** www.prinzessinnengarten.net

72. Mach eine kostenlose Stadtführung.

FREIZEIT

In rund drei bis vier Stunden werden bei den Sandeman's New Europe Stadtführungen die alten und neuen Sehenswürdigkeiten Berlins erkundet sowie moderne und historische Gebäude. Die Führungen werden zumeist in Englisch abgehalten. Die Guides sind sichtlich bemüht, historische Fakten lebendig und mit viel Witz zu vermitteln. Man spürt, wie sehr die Guides ihre Stadt leben und lieben und mit welchem Herzblut sie die Teilnehmer an ihrem Erfahrungsschatz teilhaben lassen wollen. So erfährt man nicht nur interessante Geschichten zu den Sehenswürdigkeiten selbst, sondern vor allem auch zu den Menschen Berlins. Am Ende der kostenlosen Führung darf und muss dann jeder selbst entscheiden, was ihm die Arbeit des Guides wert war.

Standort: Startpunkt: Pariser Platz 4a • **Wie kommt man hin?** S1/2 u. U55 Bahn Brandenburger Tor • **Weitere Informationen und Termine:** www.neweurope-tours.eu

73. Entdecke einsame Badebuchten am Schlachtensee.

Möchte man im Sommer richtig entspannen, bietet der Schlachtensee die ideale Kulisse. Auf einem großzügigen Rundlauf von 5,5 Kilometern erstreckt sich ein Naherholungsgebiet, das sowohl mit dem Auto, Fahrrad als auch der Bahn bestens zu erreichen ist. An nahezu jeder kleinen Bucht schlagen Badegäste ihr Lager auf, springen ins kühle Nass und genießen bei einem Picknick die schönste Zeit des Jahres. Wer in den gründen Wäldern rund um den See schlendert, wird die ein oder andere imposante Villa bestaunen können, in der sich die Einheimischen hier niedergelassen haben. Wer gerne etwas abgelegen und inmitten der Natur unterwegs ist, der findet im Schlachtensee Berlin eine verträumte Kulisse am Rande der City.

Einsame Badebuchten im Schlachtensee

Standort: Elvirasteig Ecke Schillerstraße • **Öffnungszeiten:** 24 Stunden zugänglich • **Wie kommt man hin?** S1 Schlachtensee • **Weitere Informationen:** www.berlin.de/tourismus/seen/4299251-4299185-schlachtensee.html

74. Mach dich fit beim »Sport im Park«.

SPORT

Mit »Sport im Park« wurde in Berlin ein Outdoor-Programm geschaffen, auf das die Stadt lange gewartet hat. In rund 30 Kursen an vier Standorten können sich die Teilnehmer kostenlos in Form bringen. Die Kurse finden auf der Festwiese an der Calauer Straße, im Steinbergpark an der Rosentreterpromenade, im Göschenpark in Wittenau sowie im Freizeitpark Tegel an der Malche statt. Die Angebotspalette reicht von entspannender Büro-Gymnastik, Crossboccia, Energy-Dance bis hin zu schweißtreibendem Cross-Training. Bei Übungen im Kletterparcours, Ballsportarten oder Staffelvarianten können vor allem die männlichen Sportler ihren Wettkampfcharakter ausleben. Egal ob Neuling, Fortgeschrittener oder Profi: Das Programm ist auf sämtliche Sporttypen zugeschnitten und ausnahmslos kostenlos. Immer von Montag bis Freitag können sich alle Interessierten vor Ort einfinden und sich von den lizensierten Trainern anleiten lassen. Eine vorherige Anmeldung ist nicht notwendig, einzig eine Matte, Handtuch und eine Trinkflasche sollte man mitbringen.

Standort: verschiedene • **Wie kommt man hin?** je nach Standort • **Weitere Informationen und Termine:** www.sportimpark.berlin

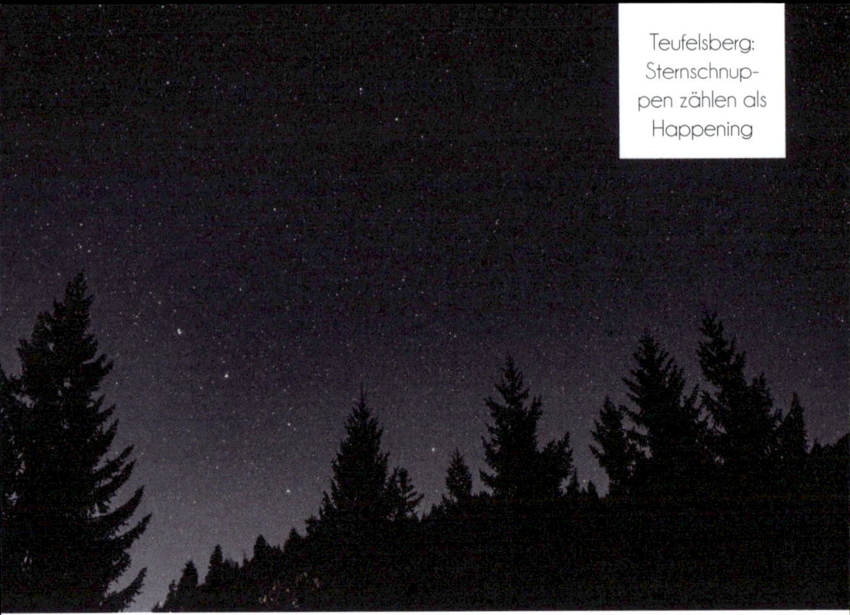

Teufelsberg: Sternschnuppen zählen als Happening

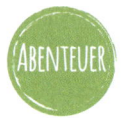

ABENTEUER

75. Zähle die Sternschnuppen auf dem Teufelsberg.

Mit der warmen Jahreszeit rücken auch die lauen Sommernächte an, die von den Berlinern gerne in vollen Zügen ausgekostet werden. Der Monat August hält mit der Sternschnuppennacht ein ganz besonderes Highlight bereit und gibt Hobbyastronomen die Möglichkeit, bis zu 170 Sternschnuppen pro Stunde zu beobachten. Das beeindruckende Naturschauspiel wird durch den Umstand begünstigt, dass die Erde den Meteoritenschauer der Perseiden streift und daher Tausende Gestirne vom Firmament niederrieseln. Dank ihrer

Geschwindigkeit von rund 42 Kilometern pro Stunde lassen sich die Sternschnuppen auch aus größter Entfernung noch erblicken, ganz egal, in welche Richtung man gerade schaut. Wenn auch der optimale Zeitpunkt für die Sternschnuppenjagd zwischen zwei und vier Uhr nachts liegt, lassen sich die Perseiden bereits ab Mitternacht und bis in die Morgenstunden beobachten. Einen ganz besonderen Platz für dieses Event sichert man sich auf dem Plateau des Teufelsbergs, auf dem sich in dieser besonderen Nacht zahlreiche Menschen mit Liegestuhl oder Decke einfinden. Sternschnuppen in großer Runde ist ein einzigartiges, verbindendes Spektakel.

Standort: Teufelsseechaussee 10 • **Öffnungszeiten:** 24 Stunden zugänglich • **Wie kommt man hin?** S3/9 Heerstraße • **Weitere Informationen:** www.teufelsberg-berlin.de

76. Schwing die Hüften in der Strandbar Mitte.

FREIZEIT

Nur unweit vom Hackeschen Markt findet man in der Strandbar Mitte eine kleine Oase am Spreeufer. Zahlreiche Liegen und Sitzplätze sind auf rund 100 Metern aneinandergereiht und machen die ebenso unkomplizierte wie offene Strandbar aus. Palmen, exotische Drinks sowie heiße Partys erwecken das Gefühl, als flaniere man hier unmittelbar an einer Strandpromenade entlang. Auf einer kleinen Open-Air-Holzbühne finden regelmäßige Tanzabende statt, bei denen man eine heiße Sohle aufs Parkett legen und dabei ordentlich auf Tuchfühlung gehen kann. Wer in diesem Punkt eher schüchtern ist, der kann auch einfach nur den schnellen Tanzeinlagen der Profis zuschauen und der stimmungsvollen Musik lauschen. Überhaupt ist die Atmosphäre hier wunderbar ungezwungen, sodass sich im Nu neue Bekanntschaften schließen lassen. Vom Ufer hat man eine direkte Aussicht auf die Spree und kann dort das bunte Treiben auf den vorbeiziehenden Schiffen verfolgen.

Standort: Monbijoustr. 3b • **Öffnungszeiten:** Mo-So 9-24 Uhr • **Wie kommt man hin?** S-Bahn Hackescher Markt • **Weitere Informationen und Termine:** www. monbijou-theater.de/strandbar-tanz.html

FAMILIE

77. Erkunde den Tierpark im Volkspark Hasenheide.

Nähe des Columbiadamms erstreckt sich mit dem Volkspark Hasenheide eine ganz besondere Grünfläche Berlins. Der gut 50 Hektar große Park bietet Freizeitliebenden mit weiten Wiesen, einem Hundeauslaufplatz sowie einem kleinen See samt Berg eine ideale Kulisse. Während Erwachsene auf einem (kostenpflichtigen) Minigolfplatz oder auf einer Walkingstrecke verschiedene Formen der Beschäftigung finden, dürfen sich die Kleinsten auf zwei Spielplätzen ordentlich austoben. Das besondere Alleinstellungsmerkmal besteht in einem liebevoll angelegten kostenlosen Streichelzoo, der ein besonderer Anziehungspunkt für Tierfreunde ist. Rehe, Esel, Lamas, Ponys, Enten und viele weitere Tiere dürfen hier aus nächster Nähe bewundert werden. Kein Wunder, dass die Hasenheide besonders für Familien zu einem der beliebten Ausflugsziel geworden ist. Ein

Parcours für Skater, Basketballkörbe sowie breite Wege vereinen sich zudem zu einer großen Spielwiese für Freizeitsportler. An lauen Sommerabenden öffnet die Freilichtbühne mit (meist kostenpflichtigen) Musik- und Kinovorführungen ihre Pforten.

Standort: Columbiadamm 160 • **Öffnungszeiten:** 24 Stunden zugänglich • **Wie kommt man hin?** U7/8 Hermannplatz • **Weitere Informationen und Termine:** www.volkspark-hasenheide.de

78. Erlebe Großstadtromantik auf der Admiralbrücke.

FREIZEIT

Wohl nirgendwo anders lässt sich die Großstadtromantik so erleben wie auf der Admiralbrücke. Ausgelassenheit und eine einzigartige Flower-Power-Stimmung bringen hier auch den letzten Skeptiker dazu, sich in Berlin zu verlieben. Im Sommer machen es sich viele hier mit einem Bier gemütlich. Straßenmusiker spielen auf, während Partyfreudige, Punks oder Pärchen mit- und nebeneinander das Leben genießen. Es wird geplaudert, man spielt Karten, liest oder chillt einfach nur bis zum Sonnenuntergang. Die Romantik wird letztlich nur dann gestört, wenn das Partyvolk doch mal mit den Anwohnern ins Gehege kommt. So ist es keine Seltenheit, dass nach 22 Uhr der ein oder andere Polizeiwagen anrollt und damit das Signal zum Aufbruch sendet. Das alles läuft erstaunlich friedlich ab, denn trotz aller Ausgelassenheit steht Rücksicht bei den Straßengästen ganz

> Sommer-
> party auf
> der Admiral-
> brücke

weit oben. So bleibt die Brücke nachts gespenstisch leer zurück, und das Feiervolk zieht samt Getränken und Snacks weiter in den nächsten Club.

Standort: Admiralstraße • **Öffnungszeiten:** 24 Stunden zugänglich • **Wie kommt man hin?** U8 Schönleinstraße

79. Rase den Teufelsberg hinunter.

FAMILIE

Berlin ist reich an Rodelpisten, doch der Teufelsberg zählt in Sachen Wintersport zu den Klassikern schlechthin. Rund zwölf Millionen Kubikmeter Trümmerschutt formen den imposanten Berg, der einige der rasantesten Pisten der Stadt bietet. Allein der Aufstieg erfordert eine Viertelstunde. Oben wird man mit einem einmaligen Panoramablick belohnt. Die schnelle Abfahrt lässt dann den Adrenalinspiegel in die Höhe schnellen. Unter Kreischen und Lachen sausen die Kids hier den Berg hinunter, nachdem sie sich endlich einen Platz an vorderster Front gesichert haben. Wer einmal innehält und die Natur auf sich wirken lässt, der wird mit etwas Glück sogar ein Wildschwein oder einen Fuchs dabei beobachten können, wie er sich seinen Weg durch die weißen Schneemassen bahnt.

Standort: Teufelsseechaussee 10 • **Öffnungszeiten:** 24 Stunden zugänglich • **Wie kommt man hin?** S3/9 Heerstraße • **Weitere Informationen:** www.teufelsberg-berlin.de

80. Häng die Füße im Viktoriapark ins Wasser.

BESONDERE ORTE

In der Nähe des Mehringdamms findet man eine der märchenhaftesten Parkanlagen Berlins: den Victoriapark. Während Pärchen, Studenten und Singles es sich auf ihren Decken gemütlich machen, lädt ein Spielplatz samt Klettergerüst und Seilbahn Kinder zum Herumtoben ein. Ein besonderes Highlight ist der kleine Bach im Zentrum der Anlage, der die idyllische Stimmung mit einem kleinen Wasserfall noch mal verstärkt. Hier kann man im Sommer die Füße ins kühle Nass halten und sich wunderbar erfrischen. Das Nationaldenkmal auf dem Kreuzberg, der sich im Park befindet, erinnert nicht nur die Befreiungskriege, sondern ist zudem von einer imposanten Aussichtsplattform umgeben. In der

Der romantische Wasserfall im Viktoriapark

Silvesternacht hat man von hier aus eine beeindruckende Sicht auf das bunte Feuerwerk.

Standort: Kreuzbergstr. 15 • **Öffnungszeiten:** 24 Stunden zugänglich • **Wie kommt man hin?** U6/7 Mehringdamm

FREIZEIT

81. Genieße die Sonne im Volkspark am Weinberg.

Wer im lebhaften Bezirk Mitte eine kleine Kiezoase zum Abschalten sucht, findet sie im Volkspark am Weinberg. Familien, Paare und Studenten lassen hier den Alltag hinter sich und machen es sich vor allem in den Sommermonaten auf dem saftig-grünen Hang

gemütlich. Während sich Picknicker mit ihren Decken aneinanderreihen, machen Jogger eine kurze Verschnaufpause, und Musiker geben ihre Eigenkomposi-
tionen zum Besten. Kinder kommen auf einem kleinen
Spielplatz samt Wasserbecken auf ihre Kosten. Wer keinen eigenen Picknickkorb dabei hat, kann sich in den
nahe gelegenen Cafés mit Getränken, Eis oder Snacks
eindecken. Abends bietet das Nolas am Weinberg die
ideale Location, um den Tag bei einem Cocktail oder
Latte Macchiato ausklingen zu lassen. Egal ob allein, mit
Freunden oder dem aktuellen Date: der Volkspark am
Weinberg bietet einen schönen Platz zum Entspannen
nahe der pulsierenden Torstraße.

Standort: Weinbergsweg 15 • **Öffnungszeiten:** 24 Stunden zugänglich • **Wie kommt man hin?** U8 Rosenthaler
Platz

82. Erlebe die interkulturelle Seite Berlins.

Die Werkstatt der Kulturen ist eine Berliner Institution. Das Kunst- und Aktionsforum bietet ein abwechslungsreiches Kulturprogramm, bei dem sich kostenpflichtige mit kostenlosen Events abwechseln. Während man am Freitag für den französischen Chanson-Abend zahlt, ist am Samstag das Konzert zum International Jazz Day frei. Zu dem abwechslungsreichen Programm gehören zeitgenössische Kurzfilme aus Ländern wie Thailand, Deutschland, Frankreich oder Indien, Fotoausstellungen, Konzerte, Lesungen oder Diskussionsrunden. Einfach auf die Webseite schauen, ob was für einen dabei ist.

Standort: Wissmannstr. 32 • **Öffnungszeiten:** Di-Fr 11-18 Uhr • **Wie kommt man hin?** U7/8 Hermannplatz • **Weitere Informationen und Termine:** www. werkstatt-der-kulturen.de

83. Beweise dein Können auf dem Trimm-Dich-Pfad Grunewald.

Trimm-Dich-Pfade bieten eine willkommene Abwechslung zum stickigen Fitnessstudio. Der Trimm-Dich-Pfad am Hüttenweg nahe des idyllischen Grunewalds ist ein idealer Ort, um an der frischen Luft etwas für den Körper und die Fitness zu tun. Der Pfad zieht sich über eine Strecke von 1,5 Kilometern und bietet an 20

Geräten die Möglichkeit, sich restlos zu verausgaben. Die vielseitigen Übungen ergänzen die weitläufige Joggingstrecke um verschiedene Kraft- und Koordinationseinheiten, die sich Stück für Stück steigern. So balanciert man über einen Schwebebalken, nutzt Stangen für Klimmzüge, springt über Baumstümpfe oder beweist in einer Weitsprunggrube sein Können. Ganz besonders gelungen sind die Übungsanleitungen, die vom brasilianischen Holzkünstler Luis González Touissant in Robinienholz-Stämme geschnitzt wurden. Während es unterhalb der Woche eher ruhig zugeht, kann man am Wochenende hier auch in der Gruppe Sport treiben. Sollte man nach dem Training noch nicht ausreichend ausgepowert sein, kann man ja noch ein paar Runden im Grunewaldsee schwimmen.

Fit werden
im Berliner
Grunewald

Standort: Hüttenweg 90 • **Öffnungszeiten:** 24 Stunden zugänglich • **Wie kommt man hin?** Bus Königin-Luise-Str./Clayallee • **Weitere Informationen und Termine:** www.trimm-dich-pfad.com

FAMILIE

84. Besuche den Winterspielplatz der Stadtmissionsgemeinde Kreuzberg.

Zur warmen Jahreszeit laden zahllose Kinderspielplätze in Berlin zum Verweilen ein. Doch wenn die Tage kürzer werden und die Temperaturen auf den Nullpunkt sinken, lässt es sich auf den meisten Spielplätzen nicht mehr so gut aushalten. Damit die Kleinsten auch im Winter nach Herzenslust toben können, bietet der kostenlose Winterspielplatz der Stadtmissionsgemeinde Kreuzberg eine echte Alternative. Auf insgesamt 170 Quadratmetern lädt ein abwechslungsreiches Indoor-Spielparadies dazu ein, sich voll und ganz zu verausgaben und neue Freundschaften zu schließen. Sämtliche Spielzeuge sind sorgfältig ausgesucht und eigens auf die Bedürfnisse von Kindern zwischen null und vier Jahren zugeschnitten. Während die Tobeecke mit Weichbodenmatten und Schaumstoffbausteinen ausreichend Sicherheit bietet, lädt eine Kuschelecke mit Kissen, Decken und Plüschtieren zu einer kleinen Verschnaufpause ein. Kleine Künstler können im Konstruktionsbereich mit bunten Duplo-Steinen und Spielautos ihre Kreativität ausleben. Der Winterspielplatz der Berliner Stadtmission versteht sich als offenes Angebot für Familien und bietet Kindern im Alter von null bis vier Jahren in der Zeit von Oktober bis April ein vielfältiges Angebot.

Standort: Bernburger Str. 3-5 • **Öffnungszeiten:** Do 16-19 Uhr, So 15-18 Uhr (Oktober bis April) • **Wie kommt man hin?** S1/2 Anhalter Bahnhof • **Weitere Informationen:** www.berliner-stadtmission.de

85. Trainiere deine Lachmuskeln im Vétomat.

KULTUR

Montag ist seit jeher ein schwieriger Tag. Das hat man sich auch im Vétomat gedacht und organisiert immer montags mit dem Ginger & Malz Comedy Open Mic im Vétomat Abhilfe. Die selbstorganisierten Kneipe nahe der Warschauer Straße ist mit bequemen Sesseln ausgestattet, in denen sich ein kühles Bier zu fairen Preisen genießen lässt. Mit welchen Schauspielen die Ginger & Malz Comedy Open Mic an den jeweiligen Abenden auf die Bühne tritt, bleibt bis zum Schluss geheim – eine ordentliche Portion Spaß in netter Gesellschaft ist jedoch in jedem Fall garantiert. Das Herzblut des ehrenamtlichen Kollektivs ist in jeder Minute spürbar, während neue Sketche getestet und manche Pointen gerne mal überspitzt werden. Neben den unterhaltsamen Vorstellungen gehören auch Filmscreenings und Siebdruck-Tutorials zu den lohnenden Events, welche in regelmäßigen Abständen angeboten werden.

Standort: Wühlischstr. 42 • **Öffnungszeiten:** je nach Programm • **Wie kommt man hin?** S- und U-Bahn Warschauer Straße • **Weitere Informationen und Termine:** ttps://www.facebook.com/pg/Vetomat

86. Fieber beim Tatort mit in der Volksbar.

Sonntage wurden erfunden, damit man an ihnen den Tatort im Ersten gucken kann. Das weiß man auch in der Volksbar im Herzen von Prenzlauer Berg. Die urbane Location zählt seit Jahren zu den größten Tatort-Kneipen Berlins und lädt vor allem dank dem gemütlichen Ambiente zahlreiche Gäste ein, gemeinsam der Mörderjagd zu frönen. Bunt durcheinandergewürfelte Couches und Sessel lassen die Volksbar wie ein überdimensioniertes Wohnzimmer erscheinen, in dem immerhin rund 160 Leute Platz finden. Bevor der Film losgeht, brummt sanfter Minimal-Beat durch die Räume, eine schummrige Beleuchtung lädt zum Zurücklehnen ein, und eine gutgelaunte Barfrau hat immer einen flotten Spruch auf den Lippen. Mit einer rund 20 Quadratmetern großen Leinwand samt HD-Bild ist zudem Tatort-Schauen de luxe garantiert.

Standort: Rosa-Luxemburg-Str. 39 • **Öffnungszeiten:** So/Mo 17-1 Uhr, Di-Do 17-2 Uhr, Fr/Sa 17-5 Uhr, • **Wie kommt man hin?** U2 Rosa-Luxemburg-Platz • **Weitere Informationen und Termine:** www.volksbar-berlin.de

87. Spiele kostenlos Beachvolleyball im Volkspark Friedrichshain.

Sonne und heiße Temperaturen locken im Sommer zahlreiche Sportbegeisterte in den Volkspark Friedrichshain. Ganze neun Beachvolleyballplätze stehen dir und deinen Freunden zur Verfügung, sofern ihr ein Netz und einen Ball griffbereit habt. Da die Beachvolleyballcourts im Sommer heiß begehrt sind, sollte man früh dran sein, um sich einen der Sandspielplätze zu sichern. Nach dem Match lässt es sich im Park auch noch Grillen oder man verfolgt mit einem Bierchen in der Hand das stete Treiben im Park.

Standort: Am Friedrichshain 1 • **Öffnungszeiten:** 24 Stunden zugänglich • **Wie kommt man hin?** Tram Platz der Vereinten Nationen

88. Mach eine Graffiti-Tour durch Kreuzberg.

Berlin gilt als Heimat der Street-Art und offenbart sich tagsüber als einzigartige Open-Air-Galerie. Insbesondere Kreuzberg ist ein Street-Art-Mekka. Künstler aus Italien, Deutschland, Belgien oder Brasilien haben hier ihre Werke sowie ihre ganz persönliche Note an den Häuserfassaden hinterlassen. Nahe des Schlesischen Tors erspäht man an nahezu jeder Ecke abstrakte Kunstwerke. An der Hauswand der Oranienstraße 195 hat der

französische Künstler Victor Ash im Jahr 2007 die Silhouette eines Kosmonauten gemalt. Das 22 mal 14 Meter große Kunstwerk erweckt den Eindruck, als springe die Figur den Fußgängern förmlich entgegen und steht als Symbol des kalten Krieges. Nahe des Schlesischen Tors kann man in der Oppelner Straße »The Yellow Man« bestaunen, der von den brasilianischen Zwillingen Gêmeos stammt. Das Bild des großen gelben Mannes entstand ebenfalls im Jahr 2007 anlässlich des Berliner Backjumps Festivals. Ein weiteres Highlight ist das Bild des »Pink Man«, welches ebenfalls in dem Berliner Backjump Festival 2007 seinen Ursprung fand. Das Bild des Riesen, der aus kleinen pinken Menschen besteht, blickt aus grotesk starrenden Augen. Wer seine ganz eigene Tour durch Kreuzberg planen möchte, der findet auf www.awesomeberlin.net die genauen Adressen der sehenswertesten Murals.

Standort: Kreuzberg • **Öffnungszeiten:** 24 Stunden zugänglich • **Wie kommt man hin?** je nach Standort • **Weitere Informationen:** www.awesomeberlin.net/activities/street-art-berlin-guide-top-11

89. Füttere Tiere auf dem Kinderbauernhof.

FAMILIE

Mitten in Berlin findet man mit der ufaFabrik ein tolles Sammelsurium aus Café, Bauernhof und Bäckerei. Auf einem großflächigen Gelände nahe des U-Bahnhofs Ullsteinstraße versteht sich die Location als Kombination aus Theater, Café, Kinderbauernhof und Open Air-Bühne, eingebettet in ein grünes Areal. Besonderen Anklang findet der kleine Kinderbauernhof samt Schafen, Schweinen und Ponys, auf dem die Kids die Tiere hautnah erleben und sogar selber mit anpacken dürfen. Wem das noch nicht genug ist, der kommt in der Kinderzirkusschule voll auf seine Kosten. Kleine Artisten werden hier geboren, um vielleicht schon bei der nächsten Kindervorstellung für Applaus und Jubel zu sorgen. Für weitere Abwechslung sorgen regelmäßige Events, wie die interne Trommelgruppe Terra Brasilis, Salsakurse sowie Comedyvorstellungen. Kein Wunder, dass sich Jung und Alt an diesem Ort treffen, um miteinander zu tanzen, zu trinken oder zu plaudern. Für Schulkinder sind alle Angebote kostenlos.

Standort: Viktoriastraße 10-18 • **Öffnungszeiten:** Mo-Sa 10-19 Uhr, So 14-19 Uhr • **Wie kommt man hin?** U6 Ullsteinstraße • **Weitere Informationen und Termine:** www.ufafabrik.de

90. Zocke eine Runde in der Interfacebar.

Sollte man wieder einmal mit Freunden ein Bierchen trinken gehen, dann findet man in der Interfacebar eine Bar der verspielten Art. Wenn auch die vielseitigen Sitzmöglichkeiten zum Entspannen einladen, liegt der Fokus hier ganz klar auf der ausgelassenen Zockerei. Kann man sich im vorderen Bereich an einem Sammelsurium an Brettspielen bedienen und diese nach Belieben auf den Tischen ausbreiten, liefert man sich im mittleren Bereich am Kickertisch ein spannendes Match. Die hintere Area gleicht beinahe einem Wohnzimmer und ist dank Flatscreens, PC und Wii ein Paradies für Konsolenhelden. Zwischendurch lässt es sich bei einem leckeren Cocktail, Bier oder Softdrinks bei Indie-Musik verschnaufen. Regelmäßige Events fördern den Wettkampfgeist und bieten mit Kartenspielen, Fifa-Sessions und Quiz Nights das richtige Maß an Abwechslung. Besonders beliebt sind an dieser Stelle die Werwolfabende, bei denen Wölfe und Unschuldslämmchen ihr schauspielerisches Können unter Beweis stellen. Selbst kostenlose Kickerturniere werden hier zelebriert und den jubelnden Zuschauern per Bildschirm übertragen. Das Ambiente ist urig und gemütlich, und Neulinge werden schnell in eingeschworene Spielkreise aufgenommen. Nerds geben sich mit Nichtgamern und Studenten die Ehre und überhaupt ist spürbar, wie schnell ein gemeinsames Hobby verbindet. Da die Bar mittlerweile ein kleines Juwel in Moabit ist, sollten größere Spielgruppen vorab reservieren. Egal ob Casual-Gamer, Werwolf oder Retrofan – in der Interfacebar wird man wieder gerne zum Spielkind und lernt in familiärer Atmosphäre entspannte Leute kennen.

Standort: Perleberger Str. 17 • **Öffnungszeiten:** Di-Sa 19-4 Uhr • **Wie kommt man hin?** U9 Turmstraße • **Weitere Informationen und Termine:** www.inter-facebar.de

91. Picknicke im Schlosspark Charlottenburg.

FREIZEIT

Im Westen Berlins findet man im Schlosspark Charlottenburg ein Naturparadies für jede Jahreszeit. Verschlungene Pfade, kunstvoll angelegte Blumenbeete sowie ein majestätischer Springbrunnen machen die gepflegte Gartenanlage des Schlossparks aus. Neben verspielten Wasserläufen und viel Grün kann man sogar über eine kleine japanische Brücke schreiten. Selbst

Die perfekte Location für ein Romantik-Picknick

wenn der Besucherandrang einmal besonders hoch ist, bietet das Gelände ausreichend Platz, sodass jeder ein ruhiges Fleckchen findet. Kein Wunder, dass es sich hier nicht nur Familien bei einem leckeren Picknick gemütlich machen, sondern auch Jogger und Radfahrer regelmäßig ihre Runden drehen. Im Schlosspark Charlottenburg darf nicht gegrillt werden, mit der angenehmen Folge, dass die Grünflächen durchweg sehr sauber sind. Doch nicht nur im Sommer ist der Schlosspark Charlottenburg ein toller Rückzugsort, auch im Herbst kann man auf einer Bank unter sattrotem Blätterwerk die romantische Atmosphäre genießen. Legt sich im Winter glitzernder Schnee über den Schlosspark und öffnet der Weihnachtsmarkt seine Pforten, fühlt man sich hier wie im Märchen.

Standort: Spandauer Damm 10 • **Öffnungszeiten:** tgl. ab 8 Uhr bis Einbruch der Dunkelheit • **Wie kommt man hin?** S41/42/46 Westend • **Weitere Informationen:** www.spsg.de/schloesser-gaerten/objekt/schlossgarten-charlottenburg

KULTUR

92. Tauche beim Festival of Lights in ein Meer aus Farben ein.

An zehn Tagen Immer im Oktober zieht es Besucher, Fotografen und internationale Künstler hinaus ins Freie, um Teil eines farbenfrohen Spektakels zu werden. Seit 2005 ist das Festival of Lights aus der Stadt nicht mehr wegzudenken. Über 50 Bauwerke, historische

Orte, Plätze und Wahrzeichen werden im Rahmen des Festivals künstlerisch inszeniert. Mit dabei sind unter anderem die Siegessäule, der Potsdamer Platz, die Museumsinsel, das Brandenburger Tor, die Oberbaumbrücke, der Berliner Dom oder das Nikolaiviertel. Da die vielen Schauplätze in der ganzen Stadt verteilt sind, reicht ein Abend allein nicht, um alle Lichtkunstwerke in Augenschein zu nehmen. Wie gut, dass man zehn ganze Tage Zeit hat, das Spektakel auszukosten, zumal die Lichtprojektionen zusätzlich von Videokunst, Erlebnistouren und Musikevents begleitet werden.

Standort: verschiedene Standorte • **Weitere Informationen und Termine:** www.festival-of-lights.de

Farben, Farben, Farben: das Festival of Lights

93. Erkunde technische Errungenschaften im Deutschen Technikmuseum.

Nahe dem Gleisdreieck findet man in dem Deutschen Technikmuseum einen spannenden Ort, an dem sich in die ganze Vielfalt der Technik eintauchen lässt. Auf mehreren Etagen erhält man interessante Einblicke in die Geschichte der Technik und kann so manchen Meilenstein in Augenschein nehmen. Beeindruckende Exponate laden zum Anfassen, Lesen und Entdecken ein und machen diesen Ort zu einem Abenteuerspielplatz der besonderen Art. Luftfahrt, Schifffahrt, Nachrichten- und Rundfunktechnik, Schienenverkehr, Straßenverkehr und Foto- und Filmtechnik sind nur einige von vielen Themenbereichen, mit denen sich das Technikmuseum befasst. Historische Lokomotiven, Modellbahnanlagen und verschiedene Flugobjekte können bis ins Detail begutachtet werden. Neben dem Internationalen Museumstag, an dem das Technikmuseum kostenlosen Eintritt gewährt, gibt es auch immer wieder kostenlose Technik-Vorträge.

Rosinenbomber am Deutschen Technikmuseum

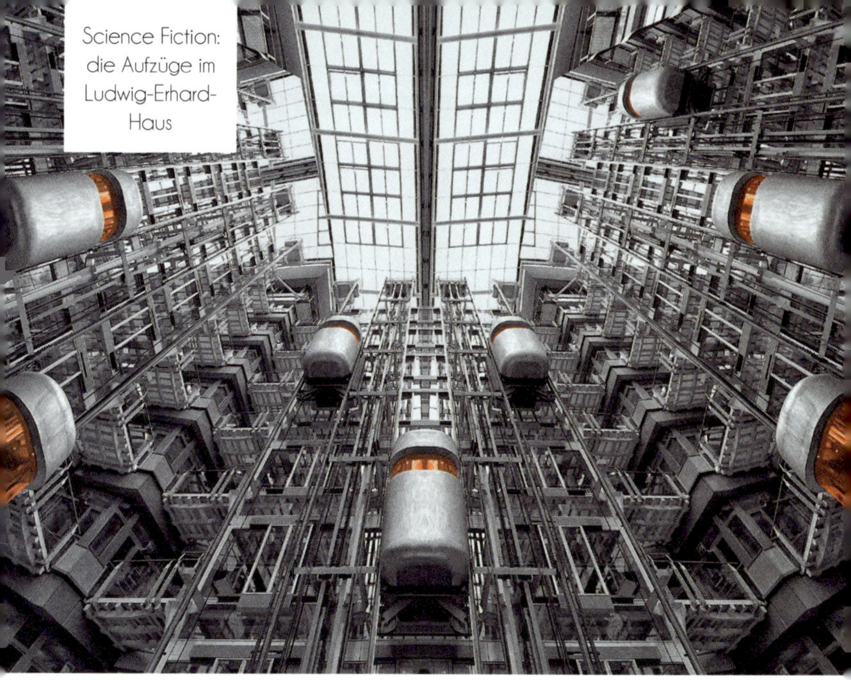

Science Fiction: die Aufzüge im Ludwig-Erhard-Haus

Standort: Trebbiner Str. 9 • **Öffnungszeiten:** Di-Fr 9-17.30 Uhr, Sa/So 10-18 Uhr • **Wie kommt man hin?** U1/2 Gleisdreieck • **Weitere Informationen und Termine:** www.sdtb.de

94. Erlebe Science-Fiction im Ludwig-Erhard-Haus.

BESONDERE ORTE

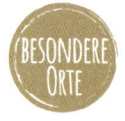

Im schönen Charlottenburg befindet sich ein faszinierendes Gebäude. Das Ludwig-Erhard-Haus erhielt wegen seiner unvergleichlichen Architektur bereuts die liebevolle Bezeichnung »Gürteltier«. Ganze 15 elliptische Bögen wurden kunstvoll von Nicholas Grimshaw und

seinem Team britischer Architekten kunstvoll zusammengefügt und erinnern – den richtigen Blickwinkel vorausgesetzt – tatsächlich an das possierliche Tierchen. Innen beeindrucken zahlreiche Glasfenster und ein futuristisches Atrium. Das absolute Highlight sind jedoch die sechs Panoramalifte, die eleganten Stahlkapseln ähneln und einem Science-Fiction-Thriller entsprungen scheinen. Sollte man sich hier einmal verlaufen, dann weisen wahlweise eine freundliche Empfangsdame oder zahlreiche Hinweisschilder den richtigen Weg. Montags bis samstags lässt sich das Bauwerk bei einem Rundgang bestaunen und anschließend in einer kleinen Cafeteria im Foyer pausieren.

Standort: Fasanenstr. 85 • **Öffnungszeiten:** Mo-Fr 7-20.30 Uhr, Sa 8-15 Uhr • **Wie kommt man hin?** S- und U-Bahn Zoologischer Garten • **Weitere Informationen und Termine:** www.leh-berlin.de

KULTUR

95. Staune über den Molecule Man.

Seit 1999 stehen in der Spree drei 30 Meter große Figuren, die gemeinsam den sogenannten Molecule Man darstellen. Die monumentale Skulptur des amerikanischen Bildhauers Jonathan Borofsky wurde an der Nahtstelle der Bezirke Kreuzberg, Friedrichshain und Treptow ausgestellt und versteht sich als Symbol für die Wiedervereinigung der Stadt. Die gelochten Aluminiumplatten lassen jeden der Männer für sich unfertig wirken. Nur im Zusammenschluss, in der Einheit aller drei Figuren entsteht ein lebensfähiges Ganzes.

Der 30 Meter hohe Molecule Man

Standort: in der Spree Höhe Stralauer Allee 10-11 • **Öffnungszeiten:** 24 Stunden zugänglich • **Wie kommt man hin?** S8/9/41/42 Treptower Park

96. Entdecke den Bierpinsel.

BESONDERE ORTE

Man kann über den Bierpinsel sagen, was man will, kalt lässt das Gebäude in Steglitz niemanden. Der futuristische Entwurf soll eigentlich einen Baum darstellen. Doch das war mit den Berlinern nicht zu machen. Sie tauften das Gebäude, in dem sich Sichtbeton und bunte Anstriche sowie Kunststoffverkleidungen auf seltsame Art vereinen, kurzerhand auf den Namen Bierpinsel. Früher gab es im Bierpinsel ein Turmrestaurant. Heu-

Geniale
Pop-Art: der
Bierpinsel in
Steglitz

te steht das Gebäude leer und müsste dringend saniert werden. An den Plänen dazu wird derzeit gearbeitet, sodass sich der Bierpinsel vielleicht bald wieder von innen bestaunen lässt. So ist er ein stummer Zeuge der verspielten Pop-Art-Architektur der Siebzigerjahre.

Standort: Schloßstr. 17 • **Öffnungszeiten:** 24 Stunden, nur von außen zu besichtigen • **Wie kommt man hin?** S1 u. U9 Rathaus Steglitz

97. Schlendere über den Flohmarkt am Arkonaplatz.

FREIZEIT

Es gibt Flohmärkte und Flohmärkte. Die einen setzen auf Ramsch und Billigkram, die anderen auf seltene Schätze, Skurriles, Kunst und Antiquitäten. Der Flohmarkt am Arkonaplatz gehört definitiv in die zweite Kategorie. Allein der Spaziergang entlang der zahlreichen Stände hat etwas unheimlich Inspirierendes. Möbel, alte

Bunte Flohmarktschätze auf dem Arkonaplatz

Lampen, riesige Kunststoffbuchstaben, handgefertigte Holzschatullen, Skulpturen … Wer sich schon immer gefragt hat, wie manche Berliner Clubs und Lokale zu ihren verwegenen Einrichtungen gekommen sind, findet hier die Antwort. Der Flohmarkt am Arkonaplatz hat immer sonntags von 10-16 Uhr geöffnet und bietet höchste Schauwerte, auch ohne dass man etwas kauft.

Standort: Arkonaplatz • **Öffnungszeiten:** immer sonntags von 10-16 Uhr • **Wie kommt man hin?** U8 Bernauer Straße

KULTUR

98. Fühl dich in der St.-Albertus-Magnus-Kirche wie im Bauch der Arche Noah.

In Charlottenburg-Wilmersdorf findet sich eines der außergewöhnlichsten Gotteshäuser Berlins. Von außen ist das Gebäude in der Nestorstraße fast gar nicht zu erkennen. Wäre oben auf dem Campanile, dem der Kirche vorgelagerten Glockenturm, kein Kreuz befestigt, würde man aufgrund seiner modernen Architektur keinesfalls vermuten, dass er zu einer Kirche gehört. Gebaut wurde die Kirche in den Sechzigerjahren von Alfons Leitl, der in der Nachkriegszeit zahlreiche Kirchen in ganz Deutschland entwarf. Von außen unscheinbar, entfaltet St. Albertus Magnus im inneren eine ganz eigene Atmosphäre. Dank der kielförmig ausgebildeten Schmalseiten, fühlt man sich hier wie im Bauch eines

Schiffs. Der Arche Noah vielleicht? Das rotbraune Mauerwerk könnte doch auch Holz sein? Das Gefühl wird durch die wenigen Fenster verstärkt, die teilweise wie Bullaugen gestaltet sind. Ein wunderbarer Ort, um innezuhalten und die spirituelle Atmosphäre nachzuempfinden.

Standort: Nestorstr. 10 • **Öffnungszeiten und Termine:** www.sanktludwig.de • **Wie kommt man hin?** U7 Adenauerplatz

99. Laufe Schlittschuh in der Rummelsburger Bucht

Die Halbinsel Stralau zwischen Treptower Park und Ost-kreuz ist ein Idyll. Während auf der Treptower Seite ge-mütlich die Spree vorbeifließt, liegt zwischen Stralau und Lichtenberg die Rummelsburger Bucht. Zum Baden lädt die Bucht eher nicht ein. Noch immer ist das Wasser auf-grund der hier früher ansässigen Industrien mit Schwer-metallen belastet. Im Winter jedoch ist die weitläufige und dennoch stadtnahe Bucht ein wunderbarer Ort, um in aller Ruhe Eislaufen zu gehen und vielleicht sogar die Liebesinsel zu besuchen, die man sonst nur mit dem Boot erreicht. Dabei ist es vor allem die Weite der Bucht, die das Eislaufen zu einem besonderen Erlebnis machen.

Das Gefühl von Freiheit in der Rummels-burger Bucht

100. Schau in den größten Spiegel der Stadt.

Ein Musikhotel als Luxusabsteige für Popstars? Ach, warum nicht … Berlin verkraftet auch ein so eigenwilliges Hotelkonzept wie das des »nhow«. Das Hotel mit Highend-Tonstudio hat als Zielgruppe tatsächlich vor allem Musiker auf Tour im Auge, die in dem Hotel nicht nur wohnen, sondern vielleicht auch für einige Stunden im Studio arbeiten wollen. Wenn die Inspira-

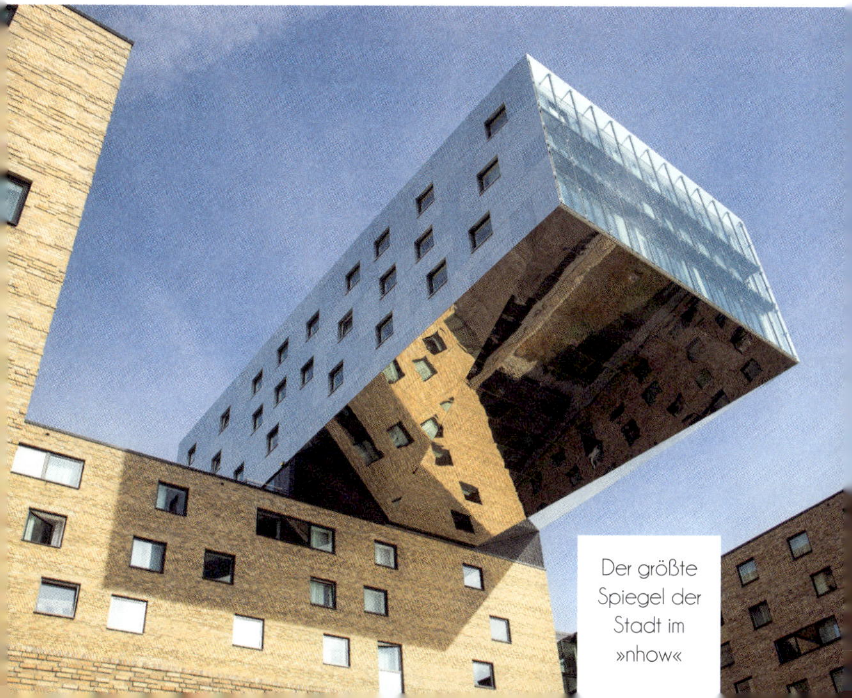

Der größte Spiegel der Stadt im »nhow«

tion in einen fährt, ist schließlich jede Sekunde kostbar. Doch selbst,wer nicht in dem eigenwilligen Hotel absteigt, kann sich zumindest über den Blick in Berlins größten Spiegel freuen. Der besteht aus poliertem Stahl und hängt 21 Meter über der Spree. Ein Muss bei jedem Spaziergang entlang des Spreeufers, das sich dem Besucher abwechslungsreich und lebendig zeigt. Und der Molecule Men ist schließlich auch nicht weit entfernt.

Standort: Stralauer Allee 2 • **Öffnungszeiten:** 24 Stunden zugänglich • **Wie kommt man hin?** S8/9/41/42 Treptower Park

FREIZEIT

101. Triff Nachtschwärmer auf der Simon-Dach-Straße.

Im Osten der Stadt, nur unweit der Warschauer Straße entfernt, offenbart sich ein wahrer Hotspot des unterhaltsamen Beisammenseins: die Simon-Dach-Straße. Kann man hier tagsüber regen Verkehr und verschmierte Häuserwände begutachten, verwandelt sich dieser Ort in den Abendstunden in eine schier endlos lange Theke, die jeden kulinarischen Geschmack bedient. Egal ob man tanzen, essen oder ein paar coole Drinks genießen möchte: An kaum einem Ort findet man eine solch geballte Vielfalt an Bars, Cafés und Kneipen. Besticht die Eleven N Lounge vor allem durch ihr dekadentes Ambiente, geht es in der Bretterbude bei viel Fußball und geringem Frauenanteil etwas ruppiger zu. Gourmetfans freuen sich im PlusMinusNull auf mediterrane Küche, während man sich im Habana bei einem guten Burrito

Immer was los auf der Simon-Dach-Straße

satt essen kann. Kein Wunder, dass man in dieser Straße alles und jeden antrifft und vor allem das Partyvolk hier gerne bei ein paar Drinks vorglüht. Flaniert man die Straße abends entlang, bekommt man ein schönes Gefühl dafür, wie die Berliner Szene gerade tickt.

Standort: Simon-Dach-Straße • **Öffnungszeiten:** 24 Stunden zugänglich • **Wie kommt man hin?** U-Bahn und S-Bahn Warschauer Straße

Bildverzeichnis